Margitta Becker-Tiggemann
Veronika Hofterheide

Golden Retriever

Auswahl, Haltung,
Erziehung, Beschäftigung

Inhalt

Geschichte und Wesen 4

Die Vorfahren der Golden Retriever 5
Goldstück auf vier Pfoten 6

Unser Golden zieht ein 16

Verantwortung für einen Hund 17
Die finanzielle Seite 18
Schicksal beliebter Hunderassen 20
Retriever aus seriöser Zucht 24
EXTRA Zuchtvoraussetzungen 30
Die Wahl des passenden Züchters 32
Rüde oder Hündin? 36
Auf ins neue Zuhause 36
Die erste Nacht 40
Stubenreinheit 41
Grundausstattung 43
Welpentreffen 44
EXTRA Vom Welpen zum Hund 45

Gesunde Ernährung 48

Futterplan vom Züchter 49
Fertigfutter 50
Tagesration eines Welpen 51
Fütterung des erwachsenen Hundes 54
Leckerbissen und Kauartikel 55
Futtermäkler 56
Betteln 57
Übergewicht 57
Verdauungsstörungen 58

Gepflegt von Kopf bis Pfote 60

Fellpflege 61
EXTRA Richtig Trimmen 64
Krallenpflege 66
Augenpflege 66
Ohrenpflege 66
Gebisspflege 67
Gepflegte Umgebung 68
Hygiene während der Läufigkeit 68

Rundum gesund 70

Vorbeugen ist besser als heilen 71
Impfungen 72
Entwurmen 74
Zecken, Flöhe & Co. 75
Rassespezifische Erkrankungen 79
EXTRA Erste Hilfe bei kleinen Verletzungen 87

Erziehung leicht gemacht 88

Konsequenz von Anfang an 89
Lob und Tadel 91
Erziehung auf Hundeart 92
Rangordnung 94
Alleinbleiben 97
Richtig Spielen 98
Das kleine Einmaleins der Hundeerziehung 100
EXTRA Signale auf einen Blick 111

Freizeitpartner Golden Retriever 112

Umwelterfahrungen sammeln 113
Spaziergänge gestalten 114
Wasserratten 116
Dummyarbeit 116
Mit dem Golden auf Reisen 117
EXTRA Apportieren 118

Service 120

Nützliche Adressen 121
Zum Weiterlesen 122
Register 124

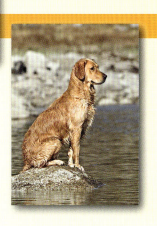

Geschichte und Wesen

Golden Retriever ziehen alle Blicke auf sich, wenn sie mit ihrem eleganten ausladenden Gang, ihrem seidigen Fell, ihren dunklen Augen und ihrem „Lächeln" im Gesicht auf einen zukommen. Es wundert nicht, dass diese sehr menschenbezogenen Hunde Liebhaber auf der ganzen Welt in ihren Bann ziehen. Doch Golden Retriever sind auch temperamentvolle, intelligente Hunde, mit speziellen Bedürfnissen.

Die Vorfahren der Golden Retriever

Um den Ursprung der Retriever ranken sich viele Geschichten, deren Wahrheitsgehalt heute jedoch kaum noch überprüft werden kann.

Als sicher gilt, dass der Ursprung aller Retrieverrassen in Neufundland liegt. Durch den regen Fischhandel, der zu Anfang des 19. Jahrhunderts zwischen England und Neufundland bestand, hatten die englischen Seeleute bei ihren Aufenthalten in Neufundland Gelegenheit, die dort lebenden Hunde kennenzulernen und bei der Arbeit zu beobachten. Selbst bei rauem Wetter apportierten diese Hunde noch die Bootsleinen aus dem Wasser und brachten sie an Land, oder sie apportierten aus den Netzen gefallene Fische.

Von der Arbeit dieser sehr wasserfreudigen und wetterfesten Hunde begeistert, brachten die Seeleute in den folgenden Jahren mehrere mit nach England. Man kann sagen, dass diese Hunde die Zuchtbasis aller auf den Britischen Inseln entwickelten Retrieverrassen darstellten.

Strenge Zuchtauswahl verfestigte die Eigenschaften wie Apportierfreude, Standruhe, hohe Intelligenz, Ausdauer und Wasserfreude.

Sein stets freundliches Wesen unterstreicht die hervorragende Eignung zum Familienhund. Seine Bedürfnisse als aktiver Jagdhund dürfen jedoch nicht vernachlässigt werden.

Nous und Belle, die Urahnen aller Golden Retriever

Konkret lässt sich die Geschichte der Golden Retriever bis zum Jahr 1865 zurückverfolgen. In diesem Jahr kaufte der erste Lord Tweedmouth von England einen gelben Wavy-coated-Rüden von einem Schuhmacher in Brighton, der diesen Hund namens „Nous" wiederum von einem Wildhüter zur Begleichung seiner Schulden in Zahlung genommen hatte. 1868 wurde „Nous" mit „Belle" gepaart. Die Water-Spaniel-Hündin „Belle" war Lord Tweedmouth von einem Verwandten geschenkt worden. Dieser erste Wurf wurde von Lord Tweedmouth in einem Buch festgehalten, das durch seine Nachkommen dem Kennel Club zur Verfügung gestellt wurde und dort noch heute zur Besichtigung aufbewahrt wird. Nach den Eintragungen fielen in diesem Wurf drei gelbe Welpen, die als Stammhunde der Golden Retriever anzusehen sind.

Einfluss von Setter, Bloodhound und Co.
In den folgenden Jahren wurden diese Nachkommen von „Nous" und „Belle" teilweise mit anderen Hunderassen gepaart, so z.B. mit Irish Settern, die in dieser Zeit noch kräftiger waren, als sie es heute sind. Auch eine Paarung mit einem vermutlich schwarzen Hund mit welligem Haar ist dokumentiert. Später kreuzte man auch einen sandfarbenen Bloodhound ein, möglicherweise um die Nasenleistung noch weiter zu verbessern.

Im Jahr 1872 hatten „Nous" und „Belle" einen zweiten Wurf. Die Nachkommen wurden teilweise an Verwandte von Lord Tweedmouth verschenkt, die ihrerseits weitere Verpaarungen vornahmen. Ein Schwerpunkt mancher Zuchten war es, die Goldfarbe der Hunde zu erhalten, aber auch die spezifischen Eigenschaften wurden durch das Einkreuzen von weiteren Water-Spaniels und anderen Hunden immer weiter an die Erfordernisse der Jäger angepasst.

Goldstück auf vier Pfoten

Es wundert nicht, dass der Golden Retriever in den letzten zwanzig Jahren in den deutschsprachigen Ländern immer beliebter wurde.

Denn sanft wie sein Ausdruck ist auch sein Wesen. Bei optimaler Aufzucht und guter Erziehung ist ihm jede Form von Aggression fremd, sowohl Menschen als auch anderen Tieren gegenüber. Er ist ein sensibler Hund, der einen intensiven Kontakt zu seinen Menschen braucht. Er hat keinerlei Wach- oder Schutztrieb. Im Gegenteil, jeder Besucher wird freundlich begrüßt – einem Einbrecher würde er wohl noch beim Raustragen helfen. Gerade diese Menschenfreundlichkeit zeichnet den Golden Retriever besonders aus und macht ihn zu einem hervorragenden Familienhund, der sich auch von Kindern nicht aus der Ruhe bringen lässt. Er ist geduldig, manchmal schon fast zu duldsam, und sein ganzes Streben geht dahin, „seinen" Menschen zu gefallen.

Die Leidenschaft der Retriever

Die Rassehundezucht ermöglicht es, nicht nur das Aussehen, sondern auch das Wesen und die Ansprüche eines Hundes in einem gewissen Rahmen vorherzusagen. Der Golden Retriever ist ein Jagdhund, der für die Arbeit nach dem Schuss gezüchtet wurde. Seine Hauptaufgabe ist, das vom Jäger geschossene Wild zu suchen, zu finden und zu bringen (apportieren). In erster Linie wird er bei der Entenjagd und der Jagd auf Niederwild eingesetzt.

Ein gut verträgliches Wesen, eine schnelle Auffassungsgabe, Aufmerksamkeit und ein sensibler Charakter, eine gute Nase, Ausdauer in der Verfolgung von Zielen, Wasserfreudigkeit und ein gewisses Maß an Härte, also der Fähigkeit, körperliche Schmerzen und zum Beispiel schlechte Witterung zu ertragen, sind für die Arbeit eines Jagdhundes genauso wichtig wie die Anpassung des Körperbaus an die gestellten Aufgaben.

Die spezifischen Eigenschaften des Golden Retrievers bringen also einige Veränderungen im Leben seines Besitzers mit sich, da ihm viele Verhaltensweisen angeboren sind. In bestimmten Situationen kann er gewissermaßen gar nicht anders handeln, als er es eben tut.

Heute wird der Golden Retriever neben der jagdlichen Verwendung auch als Rettungs-, Blinden-, Behindertenbegleithund oder als Sprengstoff- und Rauschgiftsuchhund eingesetzt. Um diese Aufgaben meistern zu können, muss er besonders verträglich mit seinen Artgenossen, anderen Tieren und auch Menschen sein. Jede Form von Aggressivität, Ängstlichkeit, Kampftrieb oder Nervosität ist unerwünscht. Durch seine gute Führigkeit ist er für alle Aufgaben leicht auszubilden, und eben diese Eigenschaften machen ihn zu einem vorbildlichen Familienhund.

Als zuverlässiger Verlorenbringer wird der Golden Retriever seit dem 19. Jahrhundert als Spezialist für die Nachsuche und das Apportieren von Niederwild nach dem Schuss gezüchtet.

Info | Jagd- und Familienhund

Golden Retriever wurden ursprünglich als Jagdhunde für die „Arbeit nach dem Schuss" gezüchtet. Heute erfüllen sie vielseitige Aufgaben für den Menschen. Für die ursprüngliche Verwendung – genauso wie die heutigen Einsatzbereiche – wird ein nervenstarker, ausgeglichener Hund benötigt, der keinerlei Aggressionspotenzial hat. Seine Leichtführigkeit und sein Lernwille erfordern eine einfühlsame, aber dennoch konsequente Ausbildung ohne Härte, mit viel Lob. Aber auch ein Golden Retriever muss erzogen werden, damit er ein angenehmer Zeitgenosse wird und bleibt.

Geschichte und Wesen

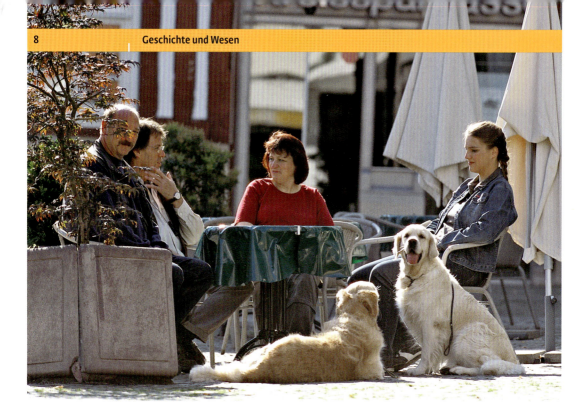

Der Golden Retriever verhält sich in jeder Situation freundlich und ausgeglichen – immer und überall.

Menschen sind immer willkommen

Aus den Charaktereigenschaften des Golden Retrievers ergeben sich zwangsläufig die Ansprüche an seinen Halter. Nur wenn man wirklich einen Hund mit diesen Eigenschaften möchte, sollte man sich auch tatsächlich für einen Golden entscheiden. Es ist nicht möglich, einem Hund bestimmte Eigenschaften anzuerziehen oder komplett abzugewöhnen, man kann lediglich vorhandene Anlagen fördern.

Einem Golden Retriever kann man zum Beispiel nicht beibringen, seinen Besitzer und dessen Hab und Gut zu beschützen oder zu verteidigen. Eine der Veranlagungen des Golden ist seine Menschenfreundlichkeit. Dadurch bedingt ist sein Verhalten gegenüber Menschen immer freundlich – gleichgültig, ob sie alt oder jung, bekannt oder unbekannt sind. Ein normal veranlagter Retriever wird sich jedem Menschen gegenüber zutraulich und manchmal sogar zudringlich zeigen, er wird jeden freudig wedelnd begrüßen, weil er sich immer irgendwo eine Streicheleinheit erhofft. Menschen sind für ihn das Größte, und häufig wird einem Besucher ein Geschenk gebracht. Das kann ein im Fang getragener Ball, ein Spielzeug oder irgendein anderer tragbarer Gegenstand sein.

Auch Freundlichkeit hat Grenzen

Aus dieser Menschenfreundlichkeit resultiert zum einen, dass ein Golden Retriever keine Wach- oder Schutzeigenschaften hat, und zum anderen, dass auch ein ganz normaler Spaziergang Stress mit sich bringen kann. Denn natürlich muss jeder Passant immer freundlich begrüßt werden. Manche Leute schätzen diese Freundlichkeit gar nicht, und daher muss der Retriever-Besitzer einen Teil seiner Energie darauf verwenden, seinem Hund zu vermitteln, dass nicht jeder, der sich auf zwei Beinen bewegt, es schätzt, bei einer seiner stürmischen Begrüßungen beschmutzt oder gar umgeworfen zu werden.

Ein gut erzogener Golden Retriever sollte natürlich Unarten wie Anspringen u.ä., die er im Welpen- und Junghundealter noch zeigt, als erwachsener Hund nicht mehr haben. Das setzt allerdings voraus, dass sein Besitzer ihm früh vermittelt, dass eine Begrüßung auch ohne Hochspringen vollzogen werden kann. Insoweit kann man also die Menschenfreundlichkeit sicher in Bahnen lenken. Es wird aber nicht gelingen, ihn dazu zu bringen, Menschen gegenüber aggressiv zu reagieren, sie zu stellen oder gar anzugreifen, wie man es von einem Wachhund erwartet.

Dieses „Sich-zu-Menschen-hingezogen-Fühlen" hat aber auch sehr viele positive Aspekte. So muss man zum Beispiel keine Angst davor haben, dass der Hund unvermittelt einen Passanten anfällt oder sich durch die Körperhaltung oder das Gebaren eines Menschen dazu provoziert fühlt, diesem gegenüber aggressiv zu werden. Es ist schon sehr entspannend zu wissen, dass auch in einer Fußgängerzone, in einem Restaurant oder auf einer Familienfeier der Hund keine Bedrohung für andere Menschen darstellt.

Selbstverständlich ist auch der Umgang bzw. Kontakt mit Kindern für einen normal veranlagten Golden Retriever keine Schwierigkeit, wenn auch gesagt werden muss, dass kein Hund – selbst der menschenfreundlichste – zu einem Kinderspielzeug degradiert werden darf.

Eine gute Erziehung ist Voraussetzung, dass der Golden in jeder Situation ein sehr angenehmer Begleiter ist.

Seine Sensibilität erfordert eine große Portion Einfühlungsvermögen des Besitzers im Umgang und bei der Ausbildung des Golden Retrievers ...

Der Sensible

Die Sensibilität des Golden Retrievers ist eine weitere Eigenschaft, die für die Rasse typisch ist. Daraus ergibt sich, dass sein Besitzer mit einer großen Portion Einfühlungsvermögen mit ihm umgehen sollte, damit er zum einen ein glücklicher und fröhlicher Hund bleibt und zum anderen trotzdem seine Grenzen kennenlernt, die jeder Hund sucht und braucht. Geht man in der Erziehung zu hart mit ihm um, wird man später einen Hund haben, der unsicher und mit eingezogener Rute hinter einem herschleicht. Ist man aber nicht konsequent genug, wird selbst ein Golden Retriever die Rudelführung übernehmen wollen und sich u.U. wie ein Anarchist verhalten. Die Erziehung ist also eine Gratwanderung, die das Einfühlungsvermögen und die Geradlinigkeit des Besitzers fordert. Zwar ist er ein leichtführiger Hund, der schnell lernt und bereitwillig seinem Menschen folgt, der gern gefällt und dafür auch Unbequemlichkeiten in Kauf nimmt – doch Erziehung braucht auch er, damit er seinen Platz im Rudel finden kann und nicht als Plagegeist seinen Besitzer oder dessen Mitmenschen tyrannisiert.

Ein Hund dieser Größe sollte wissen, wie er sich gegenüber Menschen und anderen Tieren zu benehmen hat. Ein Spaziergang mit dem angeleinten Hund, dessen 35 bis 40 kg Lebendgewicht dem Menschen am anderen Ende der Leine das Schultergelenk auskugeln kann, ist nicht nur unangenehm, sondern auch gesundheitsgefährdend für Mensch und Hund. Das kann dazu führen, dass man den Hund nicht mehr gern mitnimmt. Da der Golden jedoch am liebsten überall dabei ist, schadet man nicht zuletzt dem Hund damit, wenn man ihn dann immer häufiger allein zu Hause zurücklässt, weil er nie gelernt hat, sich wie ein gut erzogener Hund zu benehmen.

Wetter der Britischen Inseln angepasst ist. Großveranstaltungen, Hochzeiten oder ähnliche Feiern, bei denen zum Tanz gespielt wird, oder der Besuch eines Rummelplatzes sind für jeden Hund, nicht zuletzt wegen der Geräuschkulisse, Stress. Man sollte genau überlegen, ob man dem Hund hier nicht zu viel zumutet, wenn man ihn mitnimmt. Wir empfinden es nicht als Einschränkung, auf solche Vergnügungen zu verzichten. Wenn man aber ein „Partylöwe" ist oder das Leben einem nur dann sinnvoll erscheint, wenn man mindestens einmal jährlich in südlichen Gefilden gewesen ist, sollte man sich gut überlegen, ob ein Retriever das Leben bereichert; er wird eher zur Last werden, weil man ständig das Gefühl hat, entweder sich oder dem Hund nicht gerecht zu werden.

... das erhält dem Hund seine Fröhlichkeit und fördert eine vertrauensvolle Bindung zu seinem Menschen.

Immer mit dabei

Seine Sensibilität und Menschenbezogenheit führen dazu, dass der Golden Retriever nicht gern allein ist. Am wohlsten fühlt er sich in der unmittelbaren Umgebung seiner Familie. Für die Zwingerhaltung ist er in keinem Fall geeignet, sein sehr empfindsamer Charakter würde durch die Isolation von der Familie leiden, Verhaltensstörungen wären vorprogrammiert. Am liebsten ist der Golden immer und überall mit dabei; die vielen Stunden, die er in unmittelbarer Nähe seines Menschen verbringen kann, festigen zudem die Bindung und das gegenseitige Vertrauen.

Keine Last mit Hund

Auf einige Dinge sollte man verzichten können, wenn man einen Golden Retriever hat. Zum Beispiel sind Reisen in südliche Länder schon wegen des Klimas eine Qual für einen Hund, der dem

Aufmerksamer Beobachter!

Für jede Abwechslung zu haben
Der Golden hat ein ausgeglichenes Temperament: Er ist weder hektisch noch nervös. Er ist tolerant, sehr anpassungsfähig und sollte gegenüber Artgenossen absolut friedfertig sein. Neben der genetischen Veranlagung, der Prägung des Welpen beim Züchter und die Sozialisierung spielt hier auch die Erziehung eine wichtige Rolle.

Beschäftigt man sich intensiv mit ihm, hat man einen fröhlichen Hund, der die gestellten Aufgaben zu aller Zufriedenheit lösen möchte. Wird er jedoch zu wenig durch seinen Halter gefordert, zieht er sich zurück oder beschäftigt sich selbst. Das kann sich darin äußern, dass er zum Beispiel den Garten in eine Kraterlandschaft verwandelt oder beim Spaziergang nur mit dem Wühlen nach Mäusen beschäftigt ist. Körperliche Betätigung allein, also z.B. Ausflüge, die jeden Tag die gleiche Route aufweisen, lasten ihn nicht aus, er will auch geistig gefordert werden. Kleine Aufgaben trainieren nicht nur den Körper, sondern auch den Geist und festigen dabei die Mensch-Hund-Bindung.

Die Charaktereigenschaften des Golden Retrievers sind Bestandteil des Rassestandards (siehe Klappe hinten), das heißt, das Wesen ist genauso wie sein äußeres Erscheinungsbild charakteristisch für diesen Hund. Gerade sein Wesen gibt für viele Menschen den Ausschlag, sich einen Hund dieser Rasse zuzulegen, und die Zuchtvereine des VDH legen großen Wert auf die Erhaltung der Wesensfestigkeit (siehe S. 30).

Wasserfreudigkeit
Ein Golden Retriever ist von seiner Erscheinung und seiner Abstammung her ein sehr edles Tier. Er weiß es aber nicht, und er benimmt sich auch nicht immer so. Seine Wasserfreudigkeit kann für manche penible Hausfrau zur Qual werden. Es gibt so gut wie keinen Spaziergang, von dem man mit einem sauberen Hund zurückkommt. Selbst wenn es vier Wochen lang nicht geregnet hat: Ein Golden Retriever wird mit ziemlicher Sicherheit die einzige noch vorhandene Pfütze finden und genüsslich darin baden.

> **Tipp | Ein Bad zum Schluss**
> Es macht wenig Sinn, seine eigene Energie und die des Hundes darauf zu verschwenden, ihm die Freude am Badevergnügen abgewöhnen zu wollen. Viel vernünftiger ist es, den Spaziergang an einem sauberen Teich oder Bach enden zu lassen, damit der Golden wenigstens nur nass ist, wenn man nach Hause kommt. Man kann auch einen Schlauch oder ähnliches im Garten installieren, mit dem man dann den gröbsten Schmutz entfernen kann, bevor man das Haus betritt.
> Auf keinen Fall sollte man den Golden zum Trocknen im Keller liegen lassen. Er wird es nicht verstehen und sich aus seinem Rudel ausgeschlossen fühlen, wenn er nach dem Spaziergang auf diese Weise bestraft wird.

Die große Wasserfreude und der unerschöpfliche Arbeitseifer sind die typischen Kennzeichen unserer Golden – das dichte Haarkleid trotzt jedem Wetter.

Die richtige Kleidung

Viele Retriever-Halter passen schnell ihr eigenes Outfit den Interessen des Hundes an. Am besten eignen sich Gummistiefel, Jeans und Wachsjacke für einen Gang in die Natur. Vor einer schicken Aufmachung von Herrchen oder Frauchen hat der Golden keinen Respekt, wenn er, schön mit Schlamm paniert, voller Lebensfreude an ihnen vorbeirennt. Der Golden Retriever liebt Spaziergänge bei Regen oder bei eher britischen Wetterverhältnissen.

Jeder Spaziergang wird damit verbunden sein, sich selbst in wetterfeste Kleidung und Gummistiefel zu werfen und möglicherweise nach dem Spaziergang den Hund und sich selbst von Grund auf zu reinigen.

Mit einem Garten ist es sicher etwas bequemer, denn diesen kann der erwachsene Hund auch einmal allein aufsuchen. Er kann zwar die Spaziergänge nicht ersetzen, aber es wird Tage geben, an denen Sie sich nicht wohl fühlen und lange Spaziergänge nicht

möglich sind. Der Garten ist auch nachts von Vorteil, wenn der Hund einmal nach draußen muss, um sich zu lösen. Allerdings sollte man nicht denken, dass ein Golden Retriever sich im Garten nicht schmutzig machen kann – er kann, das werden Sie sehen!

Mit Schmutz und dem damit verbundenen höheren Pflegeaufwand für die Wohnung muss sein Besitzer leben können.

Abschied von Blitz-Blank-Sauber

Hat man einen „Reinlichkeitstick", sollte man sehr gut überlegen, ob man wirklich einen Hund und dazu noch einen Golden in die Familie aufnehmen möchte. Nicht nur der nach einem Spaziergang mitgebrachte Schmutz können eine „Hausfrau aus Überzeugung" schier zur Verzweiflung bringen. Ein Golden Retriever haart zweimal pro Jahr recht kräftig ab. Eigentlich verliert er das ganze Jahr über mehr oder weniger viele Haare. Man braucht also zumindest einen leistungsfähigen Staubsauger, wenn man in der Wohnung die Haare entsorgen will. Schwarze Kleidung, an der die Haare gut haften, ist auch nicht anzuraten, denn ein Golden sucht oft körperliche Nähe. Er versteht es nicht, wenn man hysterisch wird, nur weil er ein paar Streicheleinheiten haben möchte.

Überhaupt ist das Zusammenleben mit einem Retriever nichts für Hygienefanatiker, denn jeder Hund bringt es mit sich, dass die Wohnung nicht mehr so sauber ist. Zum einen sind Hundehaare überall verteilt; selbst wenn man noch so ordentlich putzt, man wird sie niemals alle erwischen. Zum anderen ist das Fell des Hundes immer leicht fettig, was dazu führt, dass überall, wo er oft liegt, an den Wänden Spuren zurückbleiben. Schüttelt er sich, werden sicher einige Dreckspritzer oder Staub an den Wänden oder den Möbeln zu finden sein.

Sabber und Geschlabber

Beim Fressen oder Trinken geht manchmal etwas daneben, sodass um den Napf herum hin und wieder kleine Seen entstehen. Sehr angenehm, wenn man gerne mit Socken durchs Haus läuft. Ein Hundebesitzer, der dies jedoch nicht tolerieren kann, der seinen Hund nicht trotzdem liebt, sondern beginnt, sich gar vor ihm zu ekeln, wird nie ein richtiger Hundebesitzer werden. Für uns sind die Abgase eines Autos allemal unangenehmer und unnatürlicher als die Absonderungen eines Hundes, und unsere Wohnungen sind trotzdem keine Räuberhöhlen. Aber es macht in der Tat wesentlich mehr Arbeit, einen Haushalt mit Hund zu führen als einen ohne Hund. Und man darf nicht den Anspruch haben, dass die eigene Wohnung so sauber und steril ist wie eine gut geführte Klinik. Vielleicht gewinnen Sie nun den Eindruck, dass wir Ihnen die Anschaffung eines Retrievers ausreden möchten – weit gefehlt! Leider sind es nach unserer Erfahrung aber oft die Gründe, warum unerfahrene Welpenkäufer den Welpen wieder an den Züchter zurückgeben. Und das ist in erster Linie für den Welpen sehr traurig. Daher kann man diese Problematik gar nicht drastisch genug beschreiben.

Das Wesen des zukünftigen Golden-Retriever-Halters sollte dem des Hundes ähnlich sein: Jemand, der einen Schutzhund sucht, wird mit einem Golden Retriever nicht glücklich sein, denn diese Aufgabe wird er nicht erfüllen. Einem konsequenten und geradlinigen Hundehalter wird er immer bereitwillig folgen. Seine Freude am Lernen und Arbeiten erfordert aber auch einen flexiblen und gleichzeitig einfühlsamen Menschen, der in der Lage ist, die „Sprache" seines Hundes zu verstehen.

Sein sensibler Charakter fordert einen ausgeglichenen Halter, der bereit und gewillt ist, einen großen Teil seiner Zeit mit dem Hund zu verbringen, der ihm „wie ein Schatten" folgt. Wer sich dadurch gestört fühlt, dass sein Hund immer an seiner Seite sein möchte, sollte noch einmal in sich gehen, bevor er sich entscheidet, einen Golden Retriever in seine Familie aufzunehmen.

Derjenige jedoch, der einen hingebungsvollen, sanften Begleiter sucht, der mit ihm durch „Dick und Dünn" geht, liegt mit einem Golden Retriever „goldrichtig".

Info | Die richtige Entscheidung

Bevor Sie sich für diese Rasse entscheiden, sollten Sie sich folgende Fragen ehrlich beantworten:
> Habe ich genügend Zeit, mich mit ihm zu beschäftigen?
> Bin ich bereit, ggf. andere zeitintensive Hobbys den Bedürfnissen des Hundes anzupassen?
> Möchte ich einen Hund, der sich immer in meiner Nähe aufhält?
> Kann ich damit umgehen, dass dieser wasserfreudige Hund, für den keine Pfütze zu schmutzig ist, in meiner Wohnung mit engem Familienanschluss lebt?
> Bin ich konsequent und gleichzeitig sensibel genug, um einen Golden Retriever richtig zu erziehen?
> Will ich mit einem menschenfreundlichen Hund leben, der jeden freudig begrüßt und für den der Kontakt mit Menschen eines seiner größten Vergnügen ist?
> Bin ich bereit, meinen Urlaub den Bedürfnissen des Hundes anzupassen und auf Flug- oder lange Autoreisen zu verzichten?
> Stehen mir genügend finanzielle Mittel zur Verfügung, um die Versorgung des Hundes zu gewährleisten?
> Bieten mein Haus und mein Garten genügend Platz, um einen Hund dieser Größe zu halten?

Unser Golden zieht ein

Wie sagte bereits Heinz Rühmann: „Man kann auch ohne Hund leben, aber es lohnt sich nicht". So fühlen die meisten Menschen, die sich auf das Abenteuer Hund eingelassen haben.

Doch damit das Zusammenleben ein Vergnügen wird, müssen die Bedürfnisse von Mensch und Hund passen. Ihr Golden Retriever wird Sie hoffentlich die nächsten zwölf und mehr Jahre begleiten. Deshalb lohnt es sich, bei der Auswahl etwas Zeit und Mühe zu investieren, um den passenden Welpen oder erwachsenen Golden zu finden.

Verantwortung für einen Hund

Vor dem Kauf eines Hundes, gleichgültig welcher Rasse, sollte man sich generell ein paar Fragen stellen. Dabei sollte man ehrlich mit sich selbst sein und die eigene Situation selbstkritisch unter die Lupe nehmen, damit man nicht erst nach dem Kauf des Hundes feststellt, dass das neue Familienmitglied mehr Sorgen als Freude bereitet.

Nichts ist schlimmer, sowohl für den Hund als auch für den Menschen, als wenn man – aus welchen Gründen auch immer – die Entscheidung, einen Hund in die Familie aufzunehmen, dann nach der Anschaffung wieder rückgängig machen muss.

Ist es der erste Hund, glaubt man kaum, wie sehr einem dieser vierbeinige Geselle in kürzester Zeit ans Herz wächst und wie schmerzlich der Entschluss sein kann, ihn wieder abzugeben.

Auch für den Hund ist es schwierig, den einmal vertrauten Besitzer zu wechseln, sich an neue Lebensumstände zu gewöhnen, die lieb gewonnenen Menschen zu verlassen und zu vergessen, um dann doch wieder Vertrauen zu neuen Besitzern aufzubauen. Eine Katastrophe ist es, wenn der Hund – nur weil man vorher einiges nicht bedacht oder sich etwas vorgemacht hat – schließlich im Tierheim landet oder irgendwo ausgesetzt wird.

Für Kinder ist das Zusammenleben mit einem Hund ein großes Glück. Verantwortung können sie jedoch nicht übernehmen.

Info — Hunde verändern unser Leben

Ein Hund verändert Ihr gesamtes Leben. Von dem Tag an, an dem ein Golden sein neues Zuhause bei Ihnen findet, wird manches nicht mehr so sein, wie es vorher war.

Zunächst einmal ist ein Hund, wie jedes andere Familienmitglied auch, ein Lebewesen mit eigenem Charakter, speziellen Bedürfnissen und Eigenschaften. Zwar ist der Hund der einzige Freund, den man sich kaufen kann, doch muss man auch bereit sein, sich mit seinen Veranlagungen im Vorfeld zu beschäftigen und darf ihn nicht nur wegen seines attraktiven Äußeren anschaffen.

Entscheidung für ein Hundeleben

Der Hund ist ein Rudeltier, dessen Leben darauf ausgerichtet ist, im Rudel eine Funktion und, damit verbunden, eine fest etablierte Stellung innezuhaben. Damit das Rudel funktioniert, ist es notwendig, dass sich jedes einzelne Mitglied des Rudels absolut auf die anderen Rudelmitglieder verlassen kann. Auf das Leben mit uns Menschen übertragen, würde das Herausreißen aus dem Rudel für den Hund einen absoluten Vertrauensbruch darstellen. In manchen Fällen kann er das so zerstörte Vertrauen nie wieder wirklich aufbauen und wird dadurch für den Rest seines Lebens u.U. von dieser Trennung beeinflusst bleiben.

Ein Hund ist kein „Einwegartikel", den man bei Nichtgefallen einfach wegwirft oder zurückgibt, sondern ein Lebewesen mit einer empfindsamen Seele. Er hat einen Anspruch darauf, dass sein zukünftiger Besitzer sich im Vorfeld mit seinen Ansprüchen und Bedürfnissen auseinandersetzt. Ein Hund kann sich seinen Besitzer nicht aussuchen und ist Zeit seines Lebens auf die Fürsorge „seines" Menschen angewiesen. Dass sich hieraus eine Verpflichtung für den jeweiligen Menschen ergibt, versteht sich von selbst. Nur wenn man zu dieser Verpflichtung aus ganzem Herzen Ja sagen kann, sollte man den Schritt, einen Hund zu kaufen, auch wagen.

Die finanzielle Seite

Natürlich macht ein Hund nicht nur Arbeit – er kostet auch Geld. Der Anschaffungspreis für einen Hund ist sicher die geringste finanzielle Belastung. Hinzu kommen die Kosten für Futter, Tierarzt, Versicherungen, Zubehör usw. Außerdem muss man bedenken, dass ein Hund auch transportiert werden muss, das heißt, das Auto sollte dementsprechend ausgestattet sein.

Ohne ausreichende Förderung seiner Anlagen „verdummt" ein Golden. Neben der Grunderziehung bietet die Dummy-Arbeit eine hervorragende Beschäftigungsmöglichkeit.

Die finanzielle Seite

Am besten geeignet ist sicher ein Kombi, in dem der Hund hinten auf der Ladefläche ausreichend Platz hat. Bei längeren Fahrten sollte er sich bequem hinlegen können. Der Transport auf dem Rücksitz ohne Sicherheitsnetz kann bei einem Unfall oder heftigen Bremsmanövern sehr gefährlich werden. Durch die Unterbringung auf einer durch ein Gitter oder ein Netz gesicherten Ladefläche ist auch gewährleistet, dass er nicht in einem unpassenden Moment auf die Idee kommt, „selbst fahren" zu wollen, und dem Fahrer auf den Schoß klettert.

Kommt der Hund in seinen jungen Jahren, in denen er noch viele Flausen im Kopf hat, auf die Idee, die Polster des Wagens oder das Mobiliar in der Wohnung zu zerlegen, kann das ebenfalls immense Kosten verursachen. Für Schäden, die der Hund am Eigentum seines Besitzers anrichtet, kommt keine Versicherung auf.

Sind Sie nach all unseren Ausführungen oder gerade deshalb immer noch der Meinung, dass ein Golden Retriever genau das ist, was Sie zu Ihrem Glück brauchen, sind Sie schon einen großen Schritt weiter. Jetzt kommt aber noch ein weiterer Schritt auf Sie zu – die Wahl des passenden Züchters.

Tipp | Transportbox

Im Auto kann man den Welpen gut und sicher auch in einer Transportbox unterbringen, die es in den unterschiedlichsten Ausführungen gibt. Voraussetzung dafür ist, dass Sie den Welpen zunächst außerhalb des Autos an die Box gewöhnen. Er soll sich darin sicher und geborgen fühlen und sich darin gern aufhalten. Die Box können Sie später auf der Ladefläche Ihres Kombis befestigen. Somit ist Ihr Hund geschützt – auch vor dem Verrutschen von Gepäck.

Nur wenn man mit allen Konsequenzen „Ja" zum Golden Retriever als neues Familienmitglied sagen kann, wird die gemeinsame Zeit für beide Seiten Glück und Zufriedenheit bringen.

Jeder Welpe ist niedlich, aber leider ist nicht jeder Züchter ein verantwortungsvoller Züchter.

Schicksal beliebter Hunderassen

Leider gilt für jede Hunderasse, die z.B. durch Film und Fernsehen oder durch jede andere Form der Werbung zu einer Moderasse wird, dass durch die steigende Nachfrage nach Welpen auch „Hundevermehrer" auf den Plan gerufen werden, die in erster Linie ihren finanziellen Vorteil im Auge haben. Ein Hund ist nun einmal eine „Anschaffung", für die Menschen bereit sind, eine Menge Geld auszugeben. Bei der Vielzahl von Menschen, die sich einen Hund halten möchten, ist die Zucht von Hunden ein echter Markt. Noch dazu kann ein Hund keine Ansprüche an seinen Besitzer stellen, und wenn man sich ansieht, unter welch erbärmlichen Umständen manche Hunde gehalten und gezüchtet werden, kann man sich in etwa vorstellen, dass man auch mit finanziellem Minimalaufwand Hundewelpen „produzieren" kann.

Hundevermehrer

Es gibt sogenannte Hundehändler, die teilweise die von ihnen verkauften Hunde nicht einmal selbst züchten. Sie kaufen Welpen auf, teilweise im Ausland. Der Verkauf erfolgt mit oder ohne Papiere, je nach Wunsch des Käufers, meist zu einem erstaunlich niedrigen Preis. Der Käufer ist glücklich über das „Schnäppchen" („Bei einem VDH-Züchter sind die Hunde ja so teuer..."), wird sich aber erst im Nachhinein darüber klar, dass er den gesparten Kaufpreis meist mehrfach zum Tierarzt trägt.

Trügerischer Schein

Wie kann man sich jedoch davor schützen, einem skrupellosen Hundehändler oder einem unseriösen Hundevermehrer „auf den Leim" zu gehen? Von außen betrachtet wird man die Unterschiede oft nicht leicht erkennen, denn auch unseriöse Züchter haben inzwischen erkannt, auf welche Dinge ein Welpeninteressent Wert legt: Sie erzählen ihm genau das, was er hören möchte, stellen gepflegte Welpen vor, die sich selbstverständlich für die Zeit des Besuches im Haus aufhalten. Die angeblichen Elterntiere sind in guter Kondition und haben meist beste Papiere mit ausgezeichneten Gesundheitszeugnissen und den begehrtesten Ausstellungstiteln. Dem Welpen sieht man von außen meist nicht an, wenn er irgendwelche Krankheiten hat oder bereits verhaltensgestört ist. Um also sicherzugehen, achtet man darauf, dass der Hund seriöse Papiere hat (siehe S. 28).

Unterstützung des Handels

Manche Welpeninteressenten sind auch der Meinung, dass man gar keine Papiere braucht, weil man selbst mit dem Hund nicht züchten will. Doch man darf nicht außer Acht lassen, dass sich hinter jedem Welpenkäufer, der seinen Golden Retriever bei einem Hundevermehrer kauft, ein Förderer des Hundehandels und der gewerblichen Hundezucht und damit auch der Ausbeutung von Tieren verbirgt. Die Nachfrage regelt das Angebot, und jeder, der einen Welpen aus einer solchen Zucht kauft, sorgt dafür, dass am nächsten Tag fünf andere Welpen an seinem Platz sitzen. Auch wenn man aus Mitleid so einen kleinen Kerl bei sich aufnimmt, ändert das nichts an der Tatsache, dass man damit die Machenschaften dieses „Züchters" unterstützt.

Am schlimmsten sind sicher diejenigen „Züchter", die einem Welpenkäufer die Wahl lassen, ob er den Hund mit oder ohne Papiere kaufen möchte. Mit Papieren ist der Welpe dann meist

200 bis 300 Euro teurer. Ein solches Angebot ist in jedem Fall unseriös. Papiere, also Ahnentafeln, werden für einen Rassehund immer ausgestellt!

Unzureichende Prägung
Ob man einem schlecht aufgezogenen Welpen wirklich hilft, wenn man ihn bei sich aufnimmt, steht außerdem infrage. Schlechte Prägung, das heißt die Haltung von Welpen unter unzureichenden Bedingungen, führt nicht selten zu irreparablen Verhaltensstörungen, unter denen nicht zuletzt der Hund selbst leidet. Wenn ein Hund sich vor allem fürchtet und auch zu Menschen kein Vertrauen finden kann, weil er nie gelernt hat, dass Menschen für ihn etwas Positives sind, oder dass bestimmte Geräusche zum Leben gehören, wird er an seinem Leben keine Freude haben können. Möglicherweise greift er sogar aus Angst oder übertriebenem Dominanzgebaren Menschen an, manchmal sogar Mitglieder der eigenen Familie.

Es ist immer wieder erschreckend, dass manche Welpeninteressenten mehr Informationen einholen, bevor sie sich z.B. eine Stereoanlage zulegen, als sie bei der Anschaffung eines Lebewesens aufzubringen bereit sind. Vor dem Kauf eines Gebrauchsgegenstandes werden häufig Testergebnisse, Hersteller und verschiedene Anbieter verglichen. Sich vor der Anschaffung eines Hundes mit den Eigenschaften der jeweiligen Rasse zu befassen oder Züchter zu vergleichen, scheint manchem nicht so wichtig zu sein. Das ist besonders bedauerlich, wenn man bedenkt, dass man auf ein technisches Gerät immerhin gewisse Garantieleistungen hat und es im Falle eines Defektes in eine Werkstatt bringen kann. Einen Hund kann man nicht reparieren lassen, und ein gestörter oder kranker Hund kann zur Belastung für die Familie und das Umfeld werden.

Eine Aufzucht des Welpen mit minimalem Aufwand für Ernährung, Impfungen, Entwurmung usw. kann dem Hund lebenslang Krankheiten wie Allergien oder auch chronische Organschäden bescheren. Nicht selten muss ein solch vorgeschädigter Hund nach unzähligen Tierarztbesuchen und manchmal langen Therapieversuchen dann doch eingeschläfert werden.

Ein seriöser Züchter will nicht einfach seine Welpen verkaufen. Er wird Sie bei der Auswahl des für Sie geeigneten Welpen beraten und Sie nach dem Kauf in allen Fragen der Haltung und Erziehung unterstützen.

Gelegenheitszüchter

Neben den „Hundevermehrern" gibt es noch die sogenannten „Gelegenheitszüchter". Das sind Leute, die ihre Hündin nur einmal decken lassen möchten, weil z.B. der Tierarzt dazu geraten hat. Oder sie wollen für sich selbst oder die Kinder einmal das Erlebnis haben, Welpen aufzuziehen. Sachlich sind beide Motive völliger Unsinn. Statistisch gesehen ist die Wahrscheinlichkeit, dass eine Hündin Gebärmutter- oder Gesäugekrebs bekommt, gleich hoch, egal ob sie Welpen zur Welt gebracht hat oder nicht. Genauso schwach ist das Argument des persönlichen Erlebnisses. Von einem Hundezüchter sollte man ein hohes Maß an Sachkenntnis erwarten können, schließlich hat er eine große Verantwortung zu tragen. Er beeinflusst nicht nur das Schicksal der von ihm gezüchteten Welpen, sondern auch das seiner Welpenkäufer. Ohne Sachverstand und nur aus der Motivation des sentimentalen Gefühls heraus wird man dieser Verantwortung sicher nicht gerecht werden. Bei der Zucht geht es nicht nur um acht Wochen Welpenaufzucht, sondern um sehr viel mehr ...

Der Deckrüde ist zudem meist ein Hund aus der Nachbarschaft, von dem, wie von der Hündin, keine Gesundheitsergebnisse vorliegen. Ob er genetisch zu der Hündin passt, möglicherweise zu eng mit ihr verwandt ist, selbst Krankheiten hat oder welche vererben könnte, wird von den Interessenten meist nicht erfragt. Papiere braucht der Welpe ja nicht, der Käufer will schließlich nicht züchten, aber reinrassig ist der Hund in jedem Fall, sagt der „Gelegenheitszüchter"! Ein solcher „Zufallswurf" ist jedoch nichts anderes als jeder andere Mischlingswurf auch: Nicht überall, wo die Verpackung wie ein Retriever aussieht, ist auch ein Retriever drin!

Nicht, dass wir etwas gegen Mischlingswürfe hätten, aber zum einen sind Mischlingshunde genauso häufig mit Erbkrankheiten belastet wie reinrassige, und zum anderen hat man sich nicht für einen Golden entschieden, weil man ein Snob ist, sondern weil man einen Hund mit ganz bestimmten Eigenschaften haben möchte.

Inserate in Tageszeitungen

Die dritte Kategorie ist die derjenigen „Züchter", die sich als „Hobbyzüchter" ausgeben, es aber nicht sind.

Wenn man die Inserate der Tagespresse über einen längeren Zeitraum vergleicht, stellt man fest, dass viele Telefonnummern immer wieder auftauchen. Auf Nachfrage erhält man immer die gleichen Informationen: Es ist der erste Wurf der Hündin, die Welpen erhalten auch Papiere. Die Eltern sind „Weltchampions" und selbstverständlich „HD-frei" (siehe S. 79), der Züchter selbst ist vielleicht sogar „Zuchtwart". Das klingt doch seriös. Dass man lediglich sieben Personen braucht, um einen Verein zu gründen, wird genauso wenig erwähnt wie die einzelnen Punkte der Zuchtbestimmungen, nach denen sich der Züchter richten muss. Wie die besagten Championtitel der Elterntiere zustande gekommen sind und wer die Auswertung der Gesundheitsuntersuchungen vorgenommen hat, spielt auch keine Rolle.

Dubiose Vereine

Es ist Sache jedes Vereins, die Bestimmungen festzulegen, nach denen jeweils gezüchtet wird. Um einen Verein zu gründen, benötigt man nach deutschem Vereinsrecht nur mindestens sieben Personen. Theoretisch könnte also eine kleine Interessengruppe oder eine Familie einen Verein gründen.

Züchter benötigen nicht nur sentimentale Gefühle für niedliche Welpen, sondern auch ein hohes Maß an Sachkenntnis und Engagement für Hunde und Welpenkäufer.

Die Voraussetzung für ein gesundes, glückliches Hundeleben ist nicht nur eine optimale Haltung, sondern auch gute Gene und eine hervorragende Sozialisierung während der Aufzucht beim Züchter.

Da die Mitgliederversammlung die Regularien wie Satzung, Zuchtbestimmungen und Ausstellungsrichtlinien selbst festlegt, ist es leicht möglich, dass auf vereinsinternen Ausstellungen „Weltsieger" ernannt und diese Titel auf den Ahnentafeln vermerkt werden. Oft wird den gezüchteten Hunden ohne jegliche Untersuchung eine Freiheit von Hüftgelenksdysplasie (HD) bescheinigt.

Es gibt auch Fälle, wo in den Ahnentafeln offensichtlich bewusst falsche Angaben gemacht werden, etwa wenn ein hoch prämierter Rüde als Vater eingetragen ist, obwohl er zum Zeitpunkt der Belegung der Hündin gar nicht mehr lebte, oder über 20 Welpen aus einer Verpaarung hervorgegangen sein sollen. Dann sind offensichtlich irgendwelche Welpen zugekauft worden. Es lässt sich damit ein schwunghafter Handel treiben.

Auf unserem Schreibtisch lagen schon Listen, in denen Welpen aller Rassen angeboten wurden. Man konnte dabei wählen, ob die Welpen per Bahn, Luftfracht oder Lkw angeliefert werden, und bei einer Abnahmemenge von mehr als 500 Stück in einer Lieferung wurden großzügige Rabatte auf den Kaufpreis gewährt. Jedem Hundefreund muss bei dieser Vorstellung der Kragen platzen.

Allein die Tatsache, dass der Welpe irgendwelche „Papiere" hat, ist keine Garantie dafür, dass der Hund von einem seriösen Züchter stammt.

Unser Golden zieht ein

Für die Entwicklung von Lebewesen gibt es keine Garantie – das Risiko für eine Erkrankung oder Fehlentwicklung lässt sich aber durch gezielte, kontrollierte Zuchtplanung minimieren.

Retriever aus seriöser Zucht

Man kauft sich einen Golden in der Regel deshalb, weil bestimmte rassespezifische Eigenschaften ausschlaggebend sind. Will man sichergehen, dass der zukünftige Hund eben diese Eigenschaften auch aufweist, ist die Wahl des richtigen Züchters von großer Bedeutung. Nur ein verantwortungsbewusster Züchter wird auf die Erhaltung der charakteristischen Eigenschaften eines Hundes – sowohl äußerlich als auch im Wesen – größten Wert legen. Um den Züchter bei seiner verantwortungsvollen Aufgabe zu unterstützen, gibt es Rassehundezuchtvereine, die bestimmte Regeln für die Hundezucht aufstellen und auf deren Einhaltung drängen. Außerdem wird ein seriöser Hundezuchtverein ein Zuchtbuch führen, in dem alle Gesundheits- und Prüfungsergebnisse der gezüchteten Tiere genauestens dokumentiert sind. Aus diesen Aufzeichnungen kann man wichtige Erkenntnisse gewinnen, die eine Zuchtplanung erst möglich machen. Zu einer vernünftigen Verpaarung gehört es auch, dass nicht wahllos mit jedem Tier gezüchtet wird. Bevor ein Golden Retriever zur Zucht zugelassen wird, sollte genauestens geprüft werden, ob dieser Hund nicht nur äußerlich den Anforderungen an die Rasse entspricht und ob zu erwarten ist, dass seine Nachkommen sich entsprechend des Standards entwickeln.

Verantwortungsbewusste Züchter

Diese Hundezüchter unterwerfen sich den Anforderungen eines strengen Regelwerks. Hier besteht keine Scheu, die

> **Info** | **Zuchtvereine**
>
> Die Fédération Cynologique Internationale (FCI) ist die Weltorganisation der Kynologie. Ihr unterstehen in jedem Mitgliedsland ein Dachverband (z.B. Verband für das Deutsche Hundewesen/VDH, Österreichischer Kynologenverband/ÖKV, Schweizerische Kynologische Gesellschaft/SKG). Den Dachverbänden wiederum gehören die Zuchtvereine der verschiedenen Rassen an. Für den Golden Retriever gibt es vier deutschsprachige Zuchtverbände, die der FCI angeschlossen sind:
> › Deutschland – Deutscher Retriever Club e.V. (DRC) und Golden Retriever Club e.V. (GRC)
> › Österreich – Österreichischer Retriever Club (ÖRC)
> › Schweiz – Retriever Club Schweiz (RCS)

Zuchthunde strengen Prüfungen und objektiven Beurteilungen eines Gutachters zu unterziehen. Auch die Aufzuchtbedingungen halten den Überprüfungen durch den Zuchtverband stand. Der Zuchtverein selbst untersteht einer Dachorganisation, die wiederum bestimmte Regeln festsetzt und die Einhaltung durch die Zuchtvereine kontrolliert. Diese Dachorganisation ist der Verband für das Deutsche Hundewesen (VDH), in der Schweiz die Schweizerische Kynologische Gesellschaft (SKG) bzw. in Österreich der Österreichische Kynologenverband (ÖKV).

Ein verantwortungsbewusster Züchter wird sich bewusst sein, dass seine züchterische Tätigkeit eine große Tragweite hat. Schicksale von Menschen sind damit verknüpft. Die Beratung des Welpeninteressenten, ob es sich bei der gewählten Rasse um die richtige für die Familie handelt, wird es auch mit sich bringen, dem einen oder anderen von seiner Entscheidung abzuraten. Zumindest dann, wenn der Züchter das Gefühl hat, dass der Interessent von falschen Vorstellungen ausgeht. Die Verantwortung eines Züchters gebietet es auch, nicht jeden Golden Retriever in die Zucht zu bringen, wenn er möglicherweise neben vielen positiven Eigenschaften auch „Fehler" hat. Trotzdem sollte ihm ein solcher Hund lieb und teuer sein. Schließlich ist auch für den Züchter der Golden zunächst ein Familienmitglied.

Ein Züchter mit Verantwortung wird einen Wurf nur dann planen, wenn er sich ganz sicher ist, die geeigneten Käufer für seine Welpen zu finden. Schließlich ist er mehr als alles andere daran interessiert, dass es die von ihm gezüchteten Golden Retriever ihr gesamtes Leben lang gut haben.

Ein verantwortungsbewusster Züchter zeichnet sich durch die Liebe zu seinen Hunden und zu den Menschen aus, die einen Welpen bei ihm erwerben.

Die Erhaltung der rassespezifischen Eigenschaften ist das oberste Ziel der seriösen Zuchtvereine. Dies dient der Gesunderhaltung der Rasse und der Erfüllung der Erwartungen des zukünftigen Hundehalters.

Gezielte Zuchtplanung

Ein seriöser Zuchtverein setzt sich zum Ziel, die Eigenschaften einer Hunderasse zu erhalten und zu fördern. Zu diesem Zweck führt er ein Zuchtbuch, in das alle geborenen Welpen eingetragen werden. Sämtliche Untersuchungs- und Prüfungsergebnisse dieser Hunde werden fortlaufend ergänzt. Selbstverständlich werden auch alle Daten der jeweiligen Elterntiere vermerkt, sodass man ein lückenloses Nachschlagewerk erhält, das es ermöglicht, die Abstammung eines Hundes über viele Generationen zurückzuverfolgen. Aus diesem Zuchtbuch kann man dann auch die Verwandtschaftsverhältnisse der einzelnen Hunde ermitteln und statistische Auswertungen darüber machen, in welchen Familien z.B. bestimmte Krankheiten gehäuft aufgetreten sind.

Eine sinnvolle Zuchtplanung ermöglicht es, bestimmte Risiken einzugrenzen und durch gezielte Zuchtberatung bestimmte Paarungen besser nicht durchzuführen, weil hier das Risiko z.B. für eine Krankheit oder untypische Merkmale besonders hoch wäre. Ohne eine solche Sammlung und Auswertung von bekannten Ergebnissen wäre jeder Wurf wieder ein „Blindflug", bei dem man nicht weiß, was an Welpen zu erwarten ist. Um objektive Ergebnisse bei Untersuchungen und Prüfungen zu erzielen, ist es eine wichtige Voraussetzung, Gutachter und Richter zu haben, die unabhängig sind. Aus diesem Grund sind Richter und Gutachter bei seriösen Vereinen nicht nur besonders geschult, sondern es ist ihnen auch untersagt, Hunde zu beurteilen, die aus der eigenen Zucht stammen oder die Nachkommen des eigenen Rüden sind. Im Deutschen Retriever Club z.B. gibt es nur einen Gutachter, der sämtliche HD-Röntgenaufnahmen aller untersuchten Hunde auswertet. Dieser Gutachter ist selbst nicht Züchter oder Vereinsmitglied.

Prüfungsordnungen stellen sicher, dass jeder Hund nach den gleichen Kriterien geprüft und beurteilt wird. Bei Ausstellungen werden unabhängige Richter eingeladen, die eine mehrjährige Ausbildung absolviert und eine Abschlussprüfung haben.

Wie die Eltern, so der Nachwuchs.

Zuchtbestimmungen

Ein seriöser Verein stellt Zuchtbestimmungen auf, die das Risiko für die Vererbung von Krankheiten oder untypischen Merkmalen möglichst gering halten sollen.

Die Zuchtbestimmungen eines Vereins sollen also dazu dienen, Golden Retriever zu züchten, die die typischen Eigenschaften eines Retrievers haben. Die Zuchtauslese, das heißt die Zuchtzulassungskriterien, sind ziemlich streng. Hunde, die selbst vererbbare Krankheiten haben oder dem Rassestandard im Aussehen oder dem Wesen nach nicht entsprechen, werden von der Zucht ausgeschlossen. Im Welpenalter ist es unmöglich zu wissen, ob ein Hund später die Zuchtzulassung erhalten wird oder nicht. Einige Fehler, die auftreten können, z.B. bestimmte Fehlstellungen des Gebisses oder Fehlfarben, kann man allerdings auch schon beim Welpen erkennen. Ob nun die Welpen augenscheinlich gesund sind oder ob sie zuchtausschließende Mängel haben, wird von einem Beauftragten des Vereins, der seinerseits auch wieder eine spezielle Ausbildung absolviert hat, geprüft. Der Züchter wird auch daraufhin kontrolliert, ob die Bestimmungen für die Aufzucht der Welpen eingehalten wurden und ob die Welpen vom Wesen her normal entwickelt sind. Die Welpen werden gechipt, die Nummer wird im Zuchtbuch des Vereins eingetragen und ebenso auf der Ahnentafel des Hundes vermerkt.

> **Info | Ahnentafel**
>
> Sie dokumentiert die Abstammung des Hundes. So kann über drei und manchmal mehr Generationen, je nachdem welcher Verein die Ahnentafel ausstellt, nachgelesen werden, welche Vorfahren der Hund hat und welche Gesundheits- und Prüfungsergebnisse diese Vorfahren haben. Gleichzeitig dokumentiert die Ahnentafel, dass der betreffende Hund nach den jeweils geltenden Zuchtbestimmungen des ausstellenden Vereins gezüchtet wurde, und dass auch alle Vorfahren nach diesen Kriterien geprüft worden sind.

Bereits in der Wurfkiste werden die Weichen für eine optimale Entwicklung des Welpen gestellt.

Der Verband für das Deutsche Hundewesen

Die seriösen Rassehundezuchtvereine sind in einem Dachverband zusammengeschlossen: in Deutschland ist das der „Verband für das Deutsche Hundewesen" (VDH). Der VDH setzt u.a. die Rahmenbedingungen für die Zuchtbestimmungen fest, das heißt, er schreibt dem Zuchtverein vor, welche Regelungen in dessen Zuchtbestimmungen enthalten sein müssen. Nur wenn der jeweilige Verein diese Regelungen erfüllt und einhält, kann er Mitglied im VDH werden. Die Mitgliedschaft ist also Garant dafür, dass vorgegebene Rahmenbedingungen eingehalten werden. Für den Welpeninteressenten heißt das, dass bei den Züchtern, die dem jeweiligen VDH-anerkannten Zuchtverein angehören, schon eine gewisse Vorauswahl getroffen wurde.

> **Tipp | Seriöse Züchter**
>
> Der erste Weg eines Hundeinteressierten sollte zu einem Verein führen, der dem VDH angeschlossen ist.
> Diese Vereine vermitteln Adressen von seriösen Züchtern, die alle geforderten Kriterien erfüllen.

Der Züchter wird im Hinblick auf die Zuchtzulassungskriterien für die Zuchthunde und auf die Aufzuchtbedingungen für die Welpen überwacht. Der VDH seinerseits untersteht dann wieder den Regularien der FCI (Fédération Cynologique International), die auf internationaler Ebene über die Hundezucht wacht. Ein kleiner „Familienverein", der unzureichende Bestimmungen hat, wird in den VDH nicht aufgenommen werden können.

Allerdings geben sich auch diese Vereine – zumindest auf dem Papier – übergeordnete Organisationen, damit der Welpeninteressent den Eindruck erhält, es mit einem seriösen Züchter zu tun zu haben. Oft sind sogar die Namen dieser Organisationen denen der seriösen Vereine täuschend ähnlich, sodass man beim flüchtigen Hinsehen glaubt, es mit einem VDH-Verein zu tun zu haben.

Die drei Retrieververeine in Deutschland

In Deutschland gibt es übrigens für die Retriever nur drei VDH-anerkannte Zuchtvereine: der Deutsche Retriever Club (DRC), der alle sechs Retrieverrassen betreut und auch der älteste ist, der Golden Retriever Club (GRC), der ausschließlich die Golden Retriever vertritt, und der Labrador Club Deutschland (LCD), der sich nur mit den Labrador Retrievern befasst. Die Anschriften dieser Vereine finden Sie im Serviceteil dieses Buches (siehe S. 121). Alle anderen Klubs und Vereine gehören nicht dem VDH an.

Wenn man nun z.B. über die Welpenvermittlung des Deutschen Retriever Clubs die Anschriften von Züchtern erhalten hat, die zurzeit Welpen haben oder welche erwarten, sollte man sich auf die Reise begeben, um

Die liebevolle Betreuung der Welpen, eine zufriedene ausgeglichene Mutterhündin und die Beratung der Welpenkäufer fordern das ganze Engagement des Züchters. Die Bedingungen für die Auswahl der Elterntiere und die Voraussetzungen für die Aufzucht des Wurfes werden in der Zuchtordnung des Zuchtvereins geregelt. Die Auswahl des richtigen Züchters und damit eines seriösen Zuchtvereins ist deshalb besonders wichtig.

einige dieser Züchter zu besuchen. Man kann hier die gehaltenen Hunde besichtigen, Gespräche über die Rasse führen und wichtige Informationen erhalten. Der verantwortungsvolle Züchter wird den Welpeninteressenten ausführlich beraten. Bitte seien Sie nicht zornig auf den Züchter, wenn er Ihnen möglicherweise vom Kauf eines Golden Retrievers abrät; vielleicht hat er sogar recht, und Sie würden mit diesem Hund gar nicht glücklich werden.

Zuchtvoraussetzungen

Anforderung an Hündin/Rüde

Die Regularien des Deutschen Retriever Clubs schreiben zahlreiche Voraussetzungen für die Zuchtzulassung eines Hundes vor.

Zuchtausschließende Fehler beim Welpen

Bei der Wurfabnahme wird ein Welpe bereits in der 8. Woche von einem Beauftragten des Zuchtvereins im Hinblick auf folgende Kriterien untersucht:

- z.B. schwarze Flecken im Fell,
- Vorhandensein einer Knickrute,
- Fehlstellung des Gebisses, z.B. Vorbiss, Rückbiss oder Kreuzbiss, die erbliche Ursachen haben,
- Entropium oder Ektropium (ein nach innen oder nach außen gerolltes Augenlid),
- nicht abgestiegene Hoden beim Rüden.

Die Ergebnisse werden im Wurfabnahmebericht vermerkt. Der Verdacht auf das Vorliegen eines dieser Fehler macht den Hund bereits als Welpen zuchtuntauglich und führt zu einem entsprechenden Eintrag in der Ahnentafel. Dieser Eintrag wird ggf. erst wieder gelöscht, wenn ein entsprechendes Attest eines Tierarztes vorgelegt werden kann, das das Vorhandensein dieses Fehlers widerlegt. Lediglich bei nicht abgestiegenen Hoden erfolgt kein Eintrag in der Ahnentafel.

Wesenstest

Frühestens im Alter von neun Monaten kann der Golden bei einem Wesenstest vorgestellt werden. Hier wird in verschiedenen gestellten Situationen getestet, ob er sich übertrieben ängstlich oder aggressiv zeigt. Im Kontakt mit fremden Menschen, mit seiner Besitzerfamilie und auch gegenüber optischen und akustischen Einflüssen und beim Schuss muss er sich stets freundlich und ausgeglichen zeigen. Ein Retriever, der sich beim Wesenstest nicht rassetypisch verhält, kann zur Zucht nicht verwendet werden.

Formwertnote

Im Alter von mindestens zwölf Monaten kann der Golden bei einer Formwertbeurteilung vorgestellt werden. Hier wird er vom äußeren Erscheinungsbild her beurteilt. Er wird vermessen, das Gebiss wird kontrolliert, das Vorhandensein der Hoden im Skrotum des Rüden geprüft. Alle äußerlich erkennbaren Merkmale fließen in die Formwertnote ein. Um zur Zucht zugelassen zu werden, muss der Hund mindestens die Formwertnote „Sehr gut" erhalten. Auch hier wird die Schussfestigkeit nochmals getestet.

Weitere Prüfungen

Ein Zuchtpartner muss eine Prüfung nachweisen, die über den Wesenstest hinausgeht (z.B. eine Begleithundeprüfung oder eine Jagdprüfung).

Gesundheitszeugnisse

Hüftgelenksdysplasie (HD)/Ellenbogendysplasie (ED)
Für die Untersuchung auf HD und ED muss der Hund mindestens zwölf Monate alt sein (siehe S. 79 ff.).

Frei von PRA, HC und RD
Die Augenuntersuchung, bei der der Hund auf PRA, RD und HC untersucht wird, muss alle zwölf Monate wiederholt werden. Selbst ein zweifelhafter Befund schließt den Hund von der Verwendung zur Zucht aus (siehe S. 86).

Anforderung an den Züchter

Zwei Fortbildungsveranstaltungen / Beantwortung eines Fragebogens

Der Züchter muss die Teilnahme an zwei Fortbildungsveranstaltungen nachweisen können und in der Lage sein, einen Fragebogen zum Thema Zucht zu beantworten. Über diese Mindestanforderungen hinaus ist er aber nur dann ein guter Züchter, wenn er mit Engagement und Liebe zur Kreatur an diese verantwortungsvolle Aufgabe herangeht. Es geht bei der Zucht von Hunden nicht nur um die Aufzucht der Welpen und ein sauberes Wurflager. Die Planung des Wurfes, die Auswahl der Zuchtpartner und der späteren Welpenkäufer ist genauso wichtig wie die Prägung der jungen Hunde und die wirklich objektive Begutachtung der eigenen Hündin bzw. des eigenen Rüden.

Zwingererstbesichtigung

Auch die Bedingungen für die Aufzucht der Welpen werden von einem Beauftragten des Vereins in Augenschein genommen und müssen bestimmten Anforderungen des Vereins genügen. Die Welpenaufzucht soll mit engem Familienanschluss erfolgen. Der Raum für die Unterbringung der Welpen und der Außenauslauf müssen eine Mindestgröße aufweisen. An die Wurfkiste, den Bodenbelag, Spielzeug und Versteckmöglichkeiten für die Welpen werden bestimmte Anforderungen gestellt. Die Abzäunung des Außenauslaufes muss so beschaffen sein, dass die Welpen und die Hündin sich nicht verletzen können.

Sind all diese Formalitäten erledigt und erfolgreich geprüft, kann man eine Zuchtzulassung des Hundes beantragen und einen geschützten Zwingernamen eintragen lassen.

> **Tipp** | **Erkennen von seriösen Züchtern**
> - Er verdient seinen Lebensunterhalt nicht mit der Hundezucht.
> - Alle Hunde leben bei ihm mit gutem Familienanschluss, sind Menschen gegenüber aufgeschlossen und freundlich.
> - Auch Hunde, die dem zuchtfähigen Alter entwachsen sind, leben bei ihm.
> - Die Welpen werden in der Familie aufgezogen, mit gutem Kontakt zu Menschen, am besten im Wohnbereich.
> - Einen Zwinger, also ein Drahtgestell im Garten, das zur Aufbewahrung der Hunde dient, wird man hier nicht finden.
> - Er hat während der Aufzucht den ganzen Tag für die Welpen Zeit und beschäftigt sich intensiv mit ihnen und den Welpenkäufern; Besuche sind ihm stets willkommen.
> - Er stellt unbequeme Fragen, nimmt Welpeninteressenten kritisch unter die Lupe und zeigt auch die Nachteile der Hundehaltung auf.
> - Er ist auch nach der Abgabe an einem Kontakt zum Welpenkäufer interessiert und bietet Hilfen in Bezug auf Haltung und Erziehung.
> - Er scheut nicht den Vergleich mit anderen Züchtern, empfiehlt vielleicht sogar, noch andere Züchter zu besuchen.
> - Er ist bemüht, den Welpen aus dem Wurf auszuwählen, der am besten zu seinem neuen Besitzer passt.
> - Er gewährt Einblick in alle Untersuchungs- und Prüfungsergebnisse seiner Hunde.

Die Wahl des passenden Züchters

Die wichtigste Voraussetzung für die Entscheidung für einen ganz bestimmten Züchter sollte das Vertrauen zu diesem Menschen sein. Ein verantwortungsvoller Züchter wird jederzeit als Ansprechpartner zur Verfügung stehen und auch nach dem Kauf als Berater in allen Fragen rund um den Golden Retriever da sein. Er wird auch später den Kontakt zu den Welpenkäufern aufrechterhalten, um zu wissen, wie sich die von ihm gezüchteten Hunde entwickelt haben. Selbstverständlich ist es ihm wichtig, dass bestimmte Untersuchungen durchgeführt werden, damit er einschätzen kann, ob die Zuchthündin gute oder weniger gute Anlagen vererbt hat und ob es sinnvoll ist, mit dieser Hündin weiterzuzüchten. Er gibt Hilfestellung bei der Ausbildung und Erziehung des Welpen und bietet idealerweise sogar Welpentreffen an, wo sich die Wurfgeschwister und ihre Besitzer in regelmäßigen Abständen treffen können. Zumindest weiß er, wo Treffen stattfinden, die vom Verein aus durchgeführt werden. Wie gesagt, Erziehung ist für jeden Hund wichtig, auch für einen Golden Retriever. Man sollte sich daher hier nicht bevormundet fühlen, sondern dieses Angebot annehmen, denn viele Fragen stellen sich erst in der jeweiligen Situation und lassen sich oft aus Büchern nicht beantworten.

Die Zuordnung des richtigen Welpen für die jeweilige Käuferfamilie ist eine wichtige Aufgabe, die vom Züchter viel Objektivität den Welpen gegenüber fordert.

Auswahl des Welpen

Ein weiteres Anliegen des Züchters ist es, den richtigen Hund für die richtige Familie auszusuchen. Was die Wesenseigenschaften des Welpen betrifft, kann nur der Züchter allein beurteilen, wie sich die Welpen verhalten und entwickeln. Er verbringt schließlich die meiste Zeit mit seinen Welpen. Er wird auch ein großes Interesse daran haben, den passenden Hund für die Bedürfnisse der Familie zu finden, weil nur dann gewährleistet ist, dass der Welpe richtig geprägt wird und sich so optimal und entsprechend seiner Anlagen entwickeln kann. Schließlich wird der Züchter auch an der Qualität seiner Hunde gemessen und daran, wie zufrieden die jeweiligen Welpenkäufer mit ihrem Golden im Alltag sind. Auch hier ist das Vertrauen zum Züchter eine Grundvoraussetzung für ein gutes Gefühl aller Beteiligten.

Wie wichtig die richtige „Zuordnung" ist, sieht man dann, wenn z.B. ein ausgesprochen temperamentvoller Golden bei einem Rentnerehepaar untergebracht wird. Menschen, die selbst eher ruhig veranlagt sind und möglicherweise aus gesundheitlichen Gründen keine langen Spaziergänge machen können oder aus anderen Gründen mit einem besonders kräftigen, sehr lebhaften Hund nicht fertig werden, sind sicher überfordert und werden mit ihrem Hund dann wahrscheinlich nicht glücklich sein.

Ein Hund, der einem Jäger verkauft wird, wird nur dann die in ihn gesetzten Erwartungen erfüllen, wenn er die entsprechenden Anlagen mitbringt. Aus diesem Grund ist es auch wesentlich entscheidender, dass der Hund vom Charakter her zu seinen neuen Besitzern passt, als dass er zum Beispiel in der Farbe des Fells den Vorstellungen von Schönheit entspricht.

Es ist viel wichtiger, dass der Welpe von seinen Anlagen und seinen Charaktereigenschaften her in die neue Familie passt, als dass er z.B. in der Farbe den Vorstellungen der neuen Besitzer entspricht.

Auf gemeinsamen Ausflügen mit der Mutter und den Geschwistern macht der Welpe viele Erfahrungen, die ihn für sein weiteres Leben prägen.

Fürs Leben gewappnet

Ein verantwortungsvoller Züchter kennt seine Welpen sehr genau und ist stets bemüht, sie bestens zu prägen. Er wird viel Zeit mit ihnen verbringen und sie mit Familienanschluss aufwachsen lassen. Die Welpen lernen allerlei Dinge kennen: Das fängt mit alltäglichen Haushaltsgeräuschen an und geht mit der Gewöhnung ans Autofahren weiter. Außerdem wird der Welpe bereits beim Züchter viele Menschen kennenlernen und mit allerlei optischen und akustischen Reizen bekannt gemacht, damit er möglichst optimal auf sein späteres Leben vorbereitet wird. In der Gemeinschaft mit seinen Geschwistern und seiner Mutter ist der Welpe eher in der Lage, auch mit für ihn unbekannten Situationen fertig zu werden. Je mehr er in dieser Zeit lernt, desto besser für seinen späteren Besitzer. Der Züchter wird dem Welpenkäufer außerdem mit Rat und Tat zur Seite stehen, wenn es um die Entscheidung geht, ob ein Rüde oder eine Hündin besser zur Familie passt (siehe S. 36).

Selbstverständlich hält der Züchter seine eigenen Hunde mit viel Familienanschluss, sie sind für ihn nicht nur „Zuchtmaterial". Der Aufwand, der zu einer verantwortungsbewussten Zucht gehört, sowohl zeitlich als auch kräftemäßig, bedingt es, dass der Züchter nicht ständig Welpen haben kann. In der Zeit, wo Welpen im Haus sind, hat die gesamte Familie des Züchters viele Einschränkungen hinzunehmen, weil für kaum etwas anderes Zeit bleibt. Nicht nur die Besuche der Welpenkäufer, die so häufig wie möglich erfolgen

Info | Gute Prägung

Eine gute Prägung des Welpen ist wichtig, da
> die Erfahrungen, die ein Hund in den ersten Lebenswochen macht, ihn sein ganzes Leben lang begleiten;
> alle Dinge, die er bereits zusammen mit seiner Mutter und seinen Geschwistern kennengelernt hat, ihm bereits vertraut sind;
> er sich im Alltagsleben besser zurechtfindet, wenn er bereits mit den Reizen vertraut ist, die auch später auf ihn einströmen;
> er ohnehin noch genug lernen muss und jede Erfahrung, die er schon hat, ihm das Leben erleichtert;
> schlechte Erfahrungen mit Menschen oder eine reizlose Umgebung, z. B. in einem Stall oder Zwinger, ihn sein Leben lang negativ beeinflussen werden;
> Sie selbst sich das Leben leichter machen, wenn Ihr Hund bereits so aufgezogen wurde, wie Sie ihn selbst später auch halten möchten.

Bereits beim Züchter sollte der Welpe möglichst viele Umwelterfahrungen sammeln. Das erleichtert ihm den späteren Umgang mit Alltagssituationen.

sollten, sondern auch die Pflege und Prägung der Welpen sind sehr zeitintensiv. „Züchter" bedeutet eben viel mehr als nur Welpen zu haben, sie zu füttern und sauber zu halten.

Betreuung nach der Abgabe

Die Betreuung der Welpen und ihrer Besitzer nach der Abgabe ist ebenfalls sehr zeitaufwendig. Es wird daher nur schwerlich möglich sein, das ganze Jahr über Welpen zu haben, ohne dabei die Pflichten, die ein seriöser Züchter hat, zu vernachlässigen. Will man also einen Hund von einem guten Züchter, so wird man vielleicht eine längere Wartezeit in Kauf nehmen müssen.

In jedem Fall sollte der Weg zum Züchter ausschließlich der über den VDH bzw. ÖKV oder SKG sein. Nur die Sachkenntnis des seriösen Züchters und seine Hochachtung vor dem entstehenden Leben sind Garant für einen verantwortungsbewussten Umgang mit Hunden und Menschen. Die intensive Auseinandersetzung mit diesem Thema ist gerade beim Golden Retriever besonders wichtig, weil ca. 70 % aller gezüchteten Welpen nicht von FCI-anerkannten Züchtern stammen. Die unzähligen Geschichten von unglück-

lichen Retrieverbesitzern, deren Hunde sich später aggressiv zeigten oder bereits im jungen Alter so krank wurden, dass man sie nur noch einschläfern konnte, sprechen für sich. Selbstverständlich sind auch im VDH / FCI gezüchtete Hunde nicht immer perfekt, aber die Geschichten, die einem die Haare zu Berge stehen lassen, werden meistens jedoch von Menschen erzählt, die einen Hund von einem Züchter gekauft haben, der nicht dem VDH angeschlossen ist.

Bei der Entscheidung, ob ein Rüde oder eine Hündin besser in die Familie passt, gibt der Züchter durch fundierte Beratung wichtige Hilfen.

Rüde oder Hündin?

Bei dieser Frage sind mehrere Aspekte zu bedenken: Zunächst wird die Hündin i.d.R. zweimal im Jahr läufig (siehe S. 68). Die Läufigkeit dauert drei Wochen, die Hündin hat während dieser Zeit einen blutigen Scheidenausfluss. Während der Läufigkeit, gerade in der befruchtungsfähigen Zeit, kann es sein, dass sie alles daransetzt, zu einem Rüden zu gelangen. Man muss sie also in dieser Zeit gut im Auge behalten. Die Läufigkeit z.B. durch die Verabreichung von Hormonen zu unterdrücken, kann ein gesundheitliches Risiko darstellen. Auch eine Kastration der Hündin sollte nicht in Betracht kommen, wenn nicht andere medizinische Gründe einen solchen Eingriff notwendig machen.

Der Rüde ist das ganze Jahr über sexuell aktiv. Wenn also z.B. in der Nachbarschaft eine Hündin läufig ist, kann es sein, dass der Rüde darauf reagiert, indem er z.B. schlecht frisst, über Zäune springt oder nachts „den Mond anheult".

Auch ein Rüde hat häufig Ausfluss: Ein eitriges Sekret tropft unter der Vorhaut heraus. Dieser sogenannte Vorhautkatarrh verläuft bei vielen Rüden chronisch.

Im Charakter unterscheiden sich die beiden Geschlechter ebenfalls. In der Regel sind Hündinnen unterordnungsbereiter. Dagegen sind Rüden oft psychisch belastbarer. Das kann dazu führen, dass bei der Erziehung des Rüden noch mehr Konsequenz erforderlich ist als bei der Hündin. Allerdings gibt es immer Ausnahmen von dieser Regel. Sprechen Sie daher mit dem Züchter, er kann Sie sicher beraten.

Auf ins neue Zuhause

Der lang ersehnte Moment ist da, der Welpe kann endlich abgeholt werden. Selbstverständlich hat Ihr Züchter Sie eingehend informiert und beraten, hat Ihnen einen Futterplan und die „Gebrauchsanweisung" für Ihren Welpen ausgearbeitet und alle bis dahin entstandenen Fragen ausführlich beantwortet und Sie gut beraten.

Beim letzten der zahlreichen Besuche während der ersten acht Lebenswochen sollten Sie ein Kleidungsstück beim Züchter zurücklassen, in dem Sie vorher ein paar Nächte geschlafen haben, damit es intensiv nach Ihnen riecht. Zunächst hat der Welpe dadurch die Möglichkeit, den Geruch seines neuen Besitzers genau kennenzulernen. Natürlich nimmt es auch den Geruch seiner Mutter und seiner Geschwister an. Liegt das T-Shirt dann später in seinem neuen Zuhause auf dem Schlafplatz, ist alles nicht so unbekannt und fremd für ihn.

Welpenzubehör vom Züchter

Außerdem gibt der Züchter Futter für die erste Zeit mit, damit der Welpe nicht durch eine plötzliche Futterumstellung Durchfall bekommt. Ein Wurmmittel für die nächste fällige Entwurmung, einen Plan, wann der Welpe bisher entwurmt worden ist und wann er das nächste Mal entwurmt werden muss, und vielleicht noch ein Buch über Erziehung oder Aufzeichnungen des Züchters über die Eigenschaften und Bedürfnisse des Welpen sind ebenfalls im Gepäck. Selbstverständlich fehlt auch der Impfpass des Welpen nicht. Hier wird bescheinigt, dass er zumindest gegen Staupe, Hepatitis, Leptospirose und Parvovirose geimpft worden ist. Die Ahnentafel liegt bei Abgabe meist noch nicht vor, sie wird später nachgereicht. Der Welpe ist gechipt, und der Bericht über die Wurfabnahme, bei der geprüft wurde, ob die strengen Aufzuchtbedingungen des Zuchtvereins erfüllt wurden und ob der Welpe irgendwelche offensichtlichen Mängel oder Krankheiten hat, wird ebenfalls ausgehändigt.

Info | Formalitäten

Formalitäten beim Hundekauf

› Ein Kaufvertrag regelt den Preis und evtl. ein Vorkaufsrecht des Züchters, wenn der Welpe wieder abgegeben werden muss; auch ein Besuchsrecht des Züchters kann Vertragsbestandteil sein.

› Der Impfpass des Welpen, ein Futterplan, Futter für die nächsten Tage und ggf. ein Wurmmittel werden bei Übergabe ausgehändigt.

› Die Ahnentafel liegt bei Übergabe möglicherweise noch nicht vor, sie wird nachgereicht.

› Alle Leistungen sind im Welpenpreis enthalten; Mehrkosten, z. B. für die Ahnentafeln, sind unseriös.

› Für jeden Welpen wird eine Ahnentafel ausgestellt; für den Käufer besteht keine Wahlmöglichkeit, ob er eine Ahnentafel bekommt oder nicht.

› Der Welpe ist gechipt, entwurmt und geimpft (zumindest gegen Staupe, Hepatitis, Leptospirose und Parvovirose).

Den Abschied von der Mutter und den Geschwistern kann man dem Welpen z.B. durch ein T-Shirt, das zuvor in der Welpenkiste gelegen hat und daher nach der Mutter und den Geschwistern riecht, erleichtern.

Abholen des Welpen

Holen Sie Ihren Welpen so früh wie möglich am Tag ab und nehmen Sie sich nichts anderes an diesem Tag vor. Dieser und auch die folgenden Tage gehören zuallererst dem neuen Familienmitglied. Dass man früh am Morgen den Welpen abholen sollte, hat zwei Gründe: Zum einen hat man noch den ganzen Tag vor sich, und der Welpe hat genügend Zeit, das neue Zuhause kennenzulernen. Zum anderen sollte der Welpe nicht gefüttert werden, bevor er die große Reise antritt. Das vermindert das Risiko, dass ihm bei der Autofahrt noch schlecht wird. Wenn man dann im neuen Zuhause ankommt, hat er gleich das positive Erlebnis, gefüttert zu werden.

Autofahrt ins neue Zuhause
Die Fahrt mit dem Auto ist für den Welpen wahrscheinlich nicht die erste. Der verantwortungsvolle Züchter hat diese Situation bereits geübt. Trotzdem ist ein so junger Hund noch kein routinierter Autofahrer. Es kann sein, dass ihm die Fahrt nicht sehr gut gefällt. Die meisten Welpen versuchen, die vorbeirauschende Landschaft zu fixieren, die Geräusche und das Schaukeln sind ungewohnt, und lange still zu sitzen ist nicht gerade eine Leidenschaft des jungen Hundes. Man sollte also einen Platz im Auto auswählen, wo der junge Hund sich so behaglich wie möglich fühlt. Das kann der Schoß des Beifahrers sein oder die Rückbank, wenn jemand zusammen mit ihm dort sitzt und ihn ablenken kann. Vielleicht fährt er auch im Fußraum des Beifahrersitzes am ruhigsten. Hier kann er nicht nach draußen schauen, und es schaukelt auch am wenigsten.

Selbstverständlich ist der Fahrstil gemäßigt, Autorennen und rasantes Kurvenfahren schätzt der kleine Passagier nicht, und er soll ja keine schlechte Erfahrung machen. Holen Sie ihn am besten zu zweit ab. Ein Handtuch und eine Rolle Küchenpapier sollten griffbereit sein, falls dem Hundebaby ein Missgeschick passiert. Wird er unruhig, dann sprechen Sie ruhig auf ihn ein und streicheln Sie ihn etwas. Das

Auf ins neue Zuhause

> **Tipp — Fahrt im Kombi**
> Die Ladefläche eines Kombi ist für einen so jungen Hund noch kein geeigneter Platz. Setzen Sie sich selbst mal hinein, Sie werden staunen, wie Sie durchgeschüttelt werden. Erst wenn der Hund älter ist, sollte man ihn hinten mitfahren lassen.

mitgenommene T-Shirt, das nach Mama und Geschwistern riecht, beruhigt ihn zusätzlich. Machen Sie bei einer längeren Fahrt immer wieder kleine Pausen, damit sich der Welpe lösen kann. Selbstverständlich nicht direkt an der Autobahn, sondern möglichst fernab von stark befahrenen Straßen. Bieten Sie ihm in den Pausen auch etwas Wasser an.

Endlich daheim

Zu Hause angekommen, setzen Sie ihn zunächst einmal im Garten ab und erkunden mit ihm gemeinsam seine neue Umgebung. Vielleicht wird er sogar gleich sein Geschäft verrichten, selbstverständlich wird er dann kräftig gelobt. Anschließend gehen Sie gemeinsam ins Haus und bieten ihm seine Mahlzeit an. Geben Sie Ihrem Welpen Zeit und Gelegenheit, die Wohnung zu inspizieren und behalten Sie ihn dabei immer im Auge. Zeigen Sie ihm den Schlafplatz, den Sie für ihn ausgesucht haben. Hier deponieren Sie das mitgebrachte T-Shirt, das nach Mama und Geschwistern riecht. Der Schlafplatz sollte so gelegen sein, dass der Welpe das Geschehen in der Wohnung beobachten kann und sich nicht ausgeschlossen fühlt. Trotzdem sollte er hier seine Ruhe finden und nicht von rastlos vorbeilaufenden Familienmitgliedern ständig gestört werden. Der Platz sollte zugluftfrei und gemütlich sein; die meisten Hunde lieben es, wenn sie sich irgendwo anlehnen können, also z.B. eine Wand im Rücken haben. Vor Kälte von unten schützt man ihn durch eine Decke oder eine waschbare Unterlage. Ein Körbchen muss es nicht unbedingt sein, ein kleiner Hund zernagt alles, und ein Weidenkorb könnte hier zu Verletzungen führen.

Lassen Sie Ihren Welpen nach der Autofahrt zuerst einmal in den Garten. Hier kann er alles erkunden und sich lösen.

Lassen Sie Ihrem Hund Zeit, seine neue Umgebung ganz in Ruhe zu erkunden. Verwandte und Nachbarn können das neue Familienmitglied auch noch in den nächsten Tagen in Augenschein nehmen.

Der Staatsempfang folgt später
Für die meisten Hunde sind die Autofahrt und die vielen neuen Eindrücke sehr ermüdend. Es kann also gut sein, dass der neue Hausgenosse sich bald zum Schlafen hinlegt. Vielleicht läuft er auch noch eine Weile in seinem neuen Zuhause hin und her oder sucht unruhig nach seiner Familie. Wie auch immer, lassen Sie ihn gewähren, beruhigen Sie ihn, wenn nötig, und geben Sie ihm die Gelegenheit, sich alles erst einmal anzusehen. In keinem Fall soll-

te als Begrüßungskomitee die gesamte Verwandtschaft und Nachbarschaft gleich am ersten Tag bei Ihnen einfallen.

Manche Welpen sind in den ersten Tagen etwas zurückhaltend, sie vermissen möglicherweise die Geschwister und die vertraute Umgebung. Keine Sorge, der kleine Wirbelwind taut schon noch auf. Er muss erst einmal Vertrauen fassen, sich in seiner neuen Umgebung zurechtfinden und den Trennungsschmerz vergessen. Damit er seine Selbstsicherheit zurückerlangt, sollten Sie ihn in den ersten Tagen nicht mit zu vielen neuen Eindrücken überfordern.

Die erste Nacht

Sie kann durchaus etwas unruhig werden. Auf keinen Fall sollten Sie den kleinen Golden sich selbst überlassen. Er hat bisher noch keine Nacht allein geschlafen, das Atmen der Geschwister hat ihm Geborgenheit gegeben. Die Funktion des Rudels erfüllt jetzt der Mensch. Der beste Schlafplatz für die Nacht ist also in Ihrer unmittelbaren Nähe. Sie müssen ihn nicht mit ins Bett nehmen. Tun Sie dies, sollten Sie sich darüber im Klaren sein, dass der Hund dieses Recht auch in Zukunft für sich in Anspruch nimmt. Er wird nicht verstehen, dass er einmal unter die Decke kriechen darf und dann plötzlich nicht mehr. Liegt seine Decke vor dem Bett, können Sie nachts die Hand ausstrecken, um ihn zu streicheln, wenn er unruhig wird.

Ab nach draußen
Der Rhythmus von Tag und Nacht muss sich erst noch festigen. Ein Welpe muss auch nachts raus. Seine Blase und der

Tipp | Sicherheitsvorkehrungen im Haus

> Kinderspielzeug, Schuhe und andere Dinge, die nicht herumgetragen werden sollen, müssen weggeräumt werden.
> Kleinteile, die verschluckt werden könnten, sollten nicht herumliegen.
> Kabel, giftige Pflanzen, wertvolle Teppiche hochstellen oder wegräumen; ein Welpe nagt gern alles Mögliche an.
> Treppen sichern, z.B. durch Kindergitter, damit der Welpe nicht runterfallen kann.
> Der Garten sollte ausbruchsicher umzäunt werden.

Darm haben noch nicht genügend Fassungsvermögen, um die vielen Stunden zu überstehen. Sie werden also das eine oder andere Mal die eigene Nachtruhe unterbrechen müssen, um ihn in den Garten zu bringen. Sind Sie sicher, dass er sich gelöst hat, legen Sie sich wieder hin, und es gilt „Licht aus". Lassen Sie sich dazu verleiten, nachts mit ihm zu spielen, könnte es sein, dass er das als Normalzustand empfindet und Ihnen keine Ruhe mehr lässt.

Damit der Welpe sich nachts nicht selbstständig macht und vielleicht etwas anstellt, sollten Sie ihn unbedingt unter Kontrolle behalten. Schläft er direkt neben dem Bett, können Sie hören, wenn sich etwas regt, und gegebenenfalls eingreifen.

In der ersten Zeit ist ein Welpe sehr arbeitsintensiv, er beansprucht viel Zeit, und je intensiver man sich mit ihm beschäftigen kann, desto schneller hat er gelernt, was von ihm erwartet wird und welche Dinge verboten sind. Die Bindung und das Vertrauen zu seinen Besitzern wachsen sehr schnell, wenn man viel Zeit mit ihm verbringt. Außerdem geht diese anstrengende, aber auch wundervolle Zeit sehr schnell vorbei und ist dann nicht mehr nachzuholen.

Stubenreinheit

Zuerst muss der Welpe lernen, stubenrein zu werden. Allein dieses Unterfangen bedeutet sehr viel Einfühlungsvermögen und eine gute Beobachtungsgabe. Ein acht Wochen alter Welpe ist rein physisch nicht in der Lage, seine Schließmuskeln zu kontrollieren. Der Darm und die Blase entleeren sich mehr oder weniger automatisch, und es dauert eine gewisse Zeit, bis er steuern kann, wann und wo er sich löst.

Am besten Sie wählen einen Platz, zu dem Sie immer wieder mit ihm gehen, und verbinden sein Tun mit einem aufmunternden Signal, damit er begreift, was Sie von ihm erwarten.

Das Abnabeln von Mutter und Geschwistern ist nicht immer einfach. Manche Welpen sind deshalb in den ersten Tagen etwas zurückhaltend. Das ändert sich schnell, wenn sie Vertrauen in die neue Situation gewonnen haben.

Die Erziehung zur Stubenreinheit erfordert Zeit und eine Beobachtungsgabe. Mit viel Lob und wenig Tadel kommt man am schnellsten zum Ziel.

> **Tipp | Wann muss er raus?**
> › Nach jeder Mahlzeit.
> › Nach jeder längeren Schlafpause.
> › Nach Spielphasen.
> › Mindestens alle zwei Stunden, es sei denn, er schläft gerade tief und fest.
> › Wenn er mit der Nase auf dem Boden suchend im Zimmer umherläuft.

Lassen Sie ihm Zeit und warten Sie geduldig, bis es geklappt hat. Dann können Sie ihn loben, und auf diese Weise wird er schnell begreifen, dass es toll ist, draußen sein Geschäft zu verrichten.

Gehen Sie nicht sofort wieder ins Haus, wenn sich Ihr Welpe gelöst hat. Die meisten Welpen sind gern draußen, und es könnte sein, dass er, um länger draußen bleiben zu können, alles anhält, um nicht gleich wieder ins Haus zu müssen. Man darf also nicht ungeduldig werden und sollte auch nach dem erwünschten Erfolg noch ein wenig mit ihm spielen, bevor man zurück ins Haus geht.

Mit viel Lob zum Erfolg
Mit viel Lob macht man dem kleinen Golden am besten verständlich, was man will. Es nutzt nichts, ihn zu strafen oder gar mit der Schnauze in die Pfütze zu tauchen, wenn im Haus ein Malheur passiert. Man schüchtert ihn nur ein, denn er kann es nicht besser und vermag unsere Reaktion nicht einzuordnen. Die Zeit, die der Welpe braucht, um zu begreifen, dass Hinterlassenschaften auf dem Teppich seinen Besitzer nicht gerade erfreuen, ist von Hund zu Hund unterschiedlich lang. Natürlich lobt man ihn nicht für eine Pfütze auf dem Teppich, man wischt sie kommentarlos weg, und gut ist es.

Wird ein Welpe sehr schnell stubenrein, spricht das in erster Linie für die gute Beobachtungsgabe und das Einfühlungsvermögen seines Besitzers. Wenn es etwas länger dauert, verzweifeln Sie nicht, bis jetzt hat es noch jeder Hund irgendwann begriffen.

Immer im Auge behalten
Wer eine gute Beobachtungsgabe und viel Zeit für seinen Welpen hat, wird möglicherweise viele Pannen vermeiden können. Man sieht dem Welpen nämlich an, wenn er muss. Der Hund braucht einen Geruchsreiz, um sich lösen zu können. Er wird also, bevor es passiert, sich mit der Nase auf dem Boden suchend durch das Zimmer bewegen. Dann wird es höchste Zeit. Man

Grundausstattung

nimmt den Welpen hoch und bringt ihn in den Garten, wo es auch schnell klappt. Eines kann er aber sicher nicht, nämlich warten, bis man Zeit hat, mit ihm nach draußen zu gehen. Zuerst muss also der Besitzer „stubenrein" werden und lernen, die Signale seines Hundes zu deuten.

Bringen Sie den Welpen bei den typischen Anzeichen immer sofort zum gleichen Platz, damit er sich lösen kann. So lernt er schnell, was von ihm erwartet wird.

Grundausstattung

Die wichtigsten Dinge sind, wie schon beschrieben, ein zugluftfreier Liegeplatz mit einer leicht waschbaren Decke, Schüsseln für Futter und Wasser, eine Bürste, ein Kamm und eine Hundeleine. Eine Hundepfeife kann sehr sinnvoll sein, und für den Retriever sind natürlich Dummys ein wichtiges Utensil (siehe S. 116).

Selbstverständlich braucht der Welpe auch Spielzeug. Dabei ist darauf zu achten, dass es Dinge sind, die er nicht verschlucken oder zerkauen kann. Gern trägt der Retriever etwas umher. Es ist also sinnvoll, wertvolle Schuhe nicht herumstehen zu lassen, denn die sind manchmal attraktiver als das teuerste Hundespielzeug. Selbst wenn der Hersteller garantiert, dass ein bestimmtes Produkt unzerstörbar ist, fragen Sie zuerst Ihren Welpen, ob das auch stimmt. Nicht immer sind es die teuren Artikel, die dem Hund am meisten Freude machen; manchmal erfüllt ein zusammengeknotetes Paar Socken oder ein altes Handtuch den Zweck noch besser. Man muss einfach ausprobieren, woran man selbst und der eigene Hund am meisten Spaß haben; die Angebote der Hersteller sind vielfältig.

Tipp | Erstausstattung für den Golden

> Waschbare Schlafunterlage, z.B. Kunstfell oder Dry-Bed.
> Näpfe für Futter und Wasser, aus Kunststoff oder Edelstahl, rutschfest und von ausreichender Größe.
> Spielzeug, verknotete Tücher oder Socken, Bälle mit Schnur, Pappkartons ohne Metallteile; bei Kunststoffspielzeug unbedingt darauf achten, dass keine Teile abgebissen und verschluckt werden können.
> Welpendummy, schwimmend, 200 g.
> Hundepfeife aus Büffelhorn, doppeltönig mit glattem und Trillerpfiff.
> Zeckenzange
> Bürste und Kamm
> Handtücher

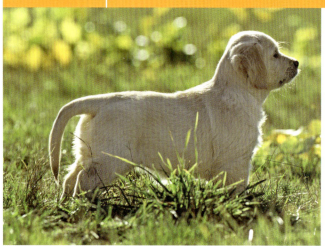

Tipp ▸ Spielen & Lernen

In welchem Rhythmus die Treffen stattfinden, ist in den Gruppen unterschiedlich. In keinem Fall sollte man aber hier die jungen Hunde körperlich überfordern. Eine Welpenspielstunde ist lang genug, auch wenn die Welpen den Eindruck machen, sie könnten noch stundenlang weitertoben. In jüngster Zeit geht man mehr und mehr dazu über, die Welpen im Einzeltraining zu unterrichten, unterbrochen durch kleine Spieleinheiten mit gleichaltrigen Artgenossen, und somit die Bindung an den neuen Menschen zu fördern und zu unterstützen.

Welpentreffen

Dies sind Treffen, die vom Züchter oder von den Vereinen organisiert und durchgeführt werden. Sie dienen in erster Linie dem Sozialkontakt der Welpen untereinander. Ein sinnvoller „Nebeneffekt" ist, dass man mit anderen Welpenbesitzern Erfahrungen austauschen kann. Der Leiter der Gruppe sollte ein sehr erfahrener Hundehalter sein, der möglichst nicht nur einen einzigen Welpen aufgezogen hat. Es gehört viel Sach- und Menschenkenntnis dazu, eine Welpengruppe zu leiten.

Das richtige Alter

Hier gehen die Meinungen etwas auseinander. Die einen raten zum Besuch einer Welpengruppe erst im Alter von ca. 12 bis 16 Wochen bzw., wenn der Welpe die zweite Impfung erhalten hat. Denn natürlich kann eine Ansteckungsgefahr des noch nicht vollständig immunisierten Welpen bestehen.

Auf der anderen Seite muss man sich jedoch darüber im Klaren sein, dass wertvolle Zeit verloren geht, in der der Welpe sehr viel lernen kann. Hier ist vor allem der Umgang mit anderen Welpen zu nennen. Die Entscheidung liegt letztendlich bei Ihnen.

Wichtig ist auch, dass die anderen Welpen der Gruppe in etwa die gleiche Gewichtsklasse haben. Beim Spiel mit wesentlich größeren und schwereren Hunden könnte der Welpe gesundheitlichen Schaden nehmen.

Sozialkontakte

In erster Linie dient die Welpengruppe der Förderung des Sozialkontaktes; die meisten Welpen werden einzeln gehalten, und es ist daher wichtig, dass sie lernen, wie man sich bei Artgenossen zu benehmen hat. Die Welpen werden schnell untereinander regeln, wo Grenzen sind. Wenn es jedoch zu heftig wird, muss man manchmal eingreifen.

Außerdem wird man in der Welpengruppe die ersten – selbstverständlich spielerischen – Schritte in Richtung Gehorsam und Erziehung gehen. Das fängt mit dem Herankommen an und geht über die Leinenführigkeit bis zum Apportieren. Sicher sollte man hier nicht einen übergroßen Ehrgeiz entwickeln, aber man darf auch nicht aus dem Auge verlieren, dass der Welpe schnell groß und schwer wird und auch beim Hund gilt: „Was Hänschen nicht lernt, lernt Hans nur schwer."

Deshalb sollte man sowohl im eigenen Interesse und auch im Interesse des Welpen unbedingt einen „Hundekindergarten" besuchen.

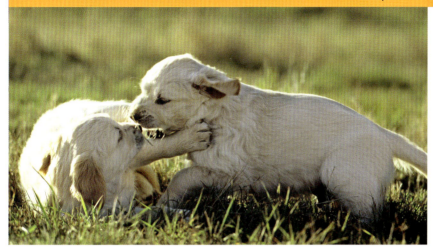

Bei regelmäßigen Treffen in einer Welpengruppe lernt der Welpe spielerisch den Umgang mit Artgenossen. Und seinem Besitzer werden die ersten Schritte zur Erziehung vermittelt.

Versicherungen

Spätestens wenn man beginnt, mit dem Retrieverwelpen zu solchen oder ähnlichen Treffen zu gehen, braucht er eine Haftpflichtversicherung. Ein Schaden ist schnell entstanden, und auch über einen kleinen Hund kann man stolpern und sich vielleicht ein Bein brechen. Das kann dann teuer werden! Die meisten Versicherungsgesellschaften bieten Tierhalter-Haftpflichtversicherungen an. Die Konditionen sind unterschiedlich, ein Vergleich lohnt sich daher (siehe Info).

Krankenversicherung und Steuern

Inwieweit eine Krankenversicherung für den Hund sinnvoll ist, muss jeder Hundehalter für sich selbst durchrechnen. Hinterfragen Sie, welche Leistungen durch die Krankenversicherung übernommen werden und wägen Sie Kosten und Nutzen gegeneinander ab.

Selbstverständlich muss man für einen Hund auch Steuern bezahlen. Die Steuersätze sind in den Gemeinden unterschiedlich hoch, und auch der Zeitpunkt, ab wann der Hund angemeldet werden muss, ist in der Steuersatzung einer jeden Gemeinde unterschiedlich geregelt. Die Gemeindeverwaltung Ihres Wohnortes kann hier Auskunft geben.

Info Versicherung

Sowohl der Deutsche Retriever Club als auch der Golden Retriever Club haben mit einer Versicherungsgesellschaft einen Rahmenvertrag geschlossen, nach dem Mitglieder der Vereine ihren Hund sehr kostengünstig versichern können. Man sollte also auch den Züchter fragen, er kann sicher interessante Informationen geben.

Vom Welpen zum Hund

Die ersten vier Lebenswochen

Entwicklung der Welpen

Die ersten Wochen im Leben eines Hundes sind sehr aufregend. Zu Beginn geben die Kleinen nur leise Fiep- und Murrgeräusche von sich. Doch schon nach ca. 14 Tagen öffnen sich die Augen und die Welpen reagieren auf Geräusche.

Aufgaben des Züchters

In dieser Zeit ist vor allem die Versorgung der Mutterhündin sehr wichtig. Der Züchter muss darauf achten, dass sie genug Milch hat, dass es nicht zu Gesäugeentzündungen kommt und dass die Wurfkiste immer sauber und trocken ist. Die Welpen werden regelmäßig gewogen und dabei in die Hand genommen und gestreichelt. Somit gewöhnen sie sich an den Menschen.

Von der 5. bis zur 8. Woche

Entwicklung der Welpen

Die Welpen werden immer munterer und entdecken ihre Umgebung. Über das Spiel mit den Geschwistern und der Mutter wird gelernt. Dabei werden Elemente aus dem Aggressions- und Angstverhalten gezeigt.

Aufgaben des Züchters

Der Züchter sollte den Welpen zunehmend Erfahrung mit der belebten und unbelebten Umwelt bieten. Unterschiedliche Menschen, Fahrten ins Grüne, Kontakt mit anderen Tieren, usw. bereiten den Welpen auf das Abenteuer „Leben" vor.

Von der 9. bis zur 24. Woche

Entwicklung der Welpen

Der Welpe nimmt Abschied von seiner Hundefamilie und lernt seine neuen Menschen kennen. Nun kommt die Zeit für ihn, in der er alles lernt, was er für sein späteres Leben in dieser Familie braucht. Er ist aufgeschlossen allem Neuen gegenüber und sehr wissbegierig.

Aufgaben des Besitzers

Das wichtigste in dieser Zeit ist der Aufbau von Vertrauen. Gemeinsam erkundet man die Welt, entdeckt Neues und unterstützt den Welpen in schwierigen Situationen. Zudem bringt man dem kleinen Kerl gutes Benehmen und das kleine Einmaleins der Erziehung bei.

Pubertät mit ca. 9 Monaten

Der Halbstarke

Klein und süß ist der Welpe nun nicht mehr, sondern ein schlaksiger Halbstarker, der gern mal seine Grenzen austestet. Der Hormonhaushalt verändert sich und die Geschlechtsreife setzt ein.

Aufgaben des Besitzers

Kein Grund zur Panik. Ihr Golden hat nicht alles vergessen, was er bisher gelernt hat. Auch wenn es häufig danach aussieht. Haben Sie viel Geduld und bleiben Sie konsequent. Bestehen Sie auf der Ausführung Ihrer Signale, auch wenn es jetzt etwas länger dauert. Sie werden sehen, diese Phase geht vorüber.

Erwachsenenstatus ab ca. 3 J.

Echte Persönlichkeiten

Der Golden Retriever hat viele Erfahrungen gemacht, auf denen er nun sein Leben aufbaut. Er ist ein Individuum mit Ecken und Kanten, die nur noch schwer geschliffen werden können.

Gemeinsam durchs Leben

Haben Sie Ihrem Golden in der Welpen- und Junghundzeit viel gezeigt und beigebracht, können Sie nun die Lorbeeren dafür ernten. Sie haben einen Partner, der Ihnen vertraut und mit Ihnen gemeinsam sicher durchs Leben geht.

Senior ab ca. 10 Jahre

Graue Schnauzen

Kommt der Golden in die Jahre, nimmt die körperliche Leistungsfähigkeit ab. Er wird sich schwerfälliger erheben, viel schlafen und meist lässt auch sein Gehör immer mehr nach. Es kann sein, Sie kommen vom Einkaufen zurück und Ihr Golden liegt in seinem Korb und schläft seelenruhig weiter. Bemerkt er Sie dann, ist es ihm fast peinlich. Das wäre ihm früher nie passiert.

Rücksicht und Verständnis

Die Wege werden kürzer, Ihr Golden wird Ihnen noch mehr folgen, da er nicht gern allein ist. Auch ruht häufig ein ruhiger dunkler Blick auf Ihnen. Er verfolgt nun mehr mit seinen Augen, da sein Gehör nachlässt. Auch wird er vielleicht nicht mehr auf Ihr Signal SITZ reagieren, da ihn seine Knochen schmerzen. Gehen Sie darauf ein und verlangen Sie nicht zu viel von ihm. Er hat Ihnen sein ganzes Leben gegeben und nun etwas mehr Ruhe verdient.

Gesunde Ernährung

Hunde sind nicht nur Fleischfresser, sondern Allesfresser. Sie lieben die Abwechslung in Form von Gemüse, Obst, Nudeln, Kartoffeln oder Reis. Auch Milchprodukte verfeinern den Speiseplan. Bereits der Welpe sollte eine abwechslungsreiche Ernährung kennenlernen, damit er sich frühzeitig an Vielerlei gewöhnt.

Futterplan vom Züchter

Einen Futterplan für Ihren Golden Retriever bekommen Sie vom Züchter. Hier ist genau aufgelistet, womit er beim Züchter gefüttert worden ist. Es ist nicht ratsam, das Futter sofort umzustellen, da Welpen auf spontane Futterumstellungen häufig mit Durchfall reagieren. Genaue Futtermengen anzugeben, ist für den Züchter jedoch nicht einfach, da im Rudel mit den Geschwistern der Futterneid eine große Rolle spielt. Außerdem bewegen sich die Welpen miteinander sehr viel mehr, als wenn sie dann allein in ihrem neuen Zuhause sind. Aus diesem Grund kann es sein, dass der Welpe die angegebene Futtermenge gar nicht vertilgen kann. Andere Welpen wiederum fressen plötzlich mehr, als im Futterplan angegeben.

Im neuen Zuhause muss sich der Welpe erst mit seiner neuen Umgebung vertraut machen, was auch zu veränderten Fressgewohnheiten führen kann.

Proteingehalt des Futters

Grundsätzlich gilt, dass Welpen in der Regel nicht fett werden, sondern eher zu schnell wachsen. Ein zu schnelles Wachstum, gerade bei großen Rassen, kann aber zu Schädigungen der Gelenke führen, da das zu große Gewicht von den noch weichen Knochen nicht getragen werden kann. Das verwendete Futter sollte deshalb einen nicht zu hohen Proteingehalt aufweisen.

Ein heranwachsender Hund darf nicht zu körperlichen Höchstleistungen animiert werden, kann jedoch ruhig auch einmal einen Stein erklimmen, um ein besseres Körpergefühl zu bekommen.

Ein Welpe ist kein Bodybuilder: Er hat nur die Aufgabe zu wachsen, und dazu muss er keine Unmengen von Proteinen zu sich nehmen. Wenn dem hohen Energiegehalt des Futters die körperliche Betätigung nicht entspricht, baut der Körper vermehrt Fettgewebe auf. Ein Futter mit einem hohen Proteingehalt mag z.B. für Schlittenhunde oder trächtige Hündinnen die richtige Ernährung sein. Ein Welpe jedoch, der keine körperlichen Höchstleistungen vollbringen kann und darf, sollte nicht zu proteinhaltig gefüttert werden.

Info	Gewichtszunahme
Alter	Gewicht
Geburt	ca. 400 g
1 Woche	ca. 800 g
8 Wochen	ca. 6 - 8 kg
11 Wochen	ca. 10 kg
6 Monate	ca. 23 kg
12 Monate	ca. 32 kg

Ausgewogene Ernährung
Die Ernährung des Golden Retrievers muss ausgewogen sein. Dabei ist zu beachten, dass der Hund kein reiner Fleischfresser ist. Wenn er ein Beutetier reißen würde, etwa ein Kaninchen, würde er zuerst die Eingeweide auffressen. Der Darminhalt eines Pflanzenfressers enthält viele wichtige Nährstoffe. Vorverdaute Pflanzenreste enthalten Mineralien und Vitamine. So kann auch die Vorliebe eines Hundes für den Kot von Pflanzenfressern, etwa Schafen, ein Zeichen von Mineralstoffmangel sein. Ein Stück weit muss ein Hundebesitzer allerdings damit leben, dass sein neuer Hausgenosse Dinge sehr mag, die für uns Menschen eher unappetitlich sind.

Fertigfutter

Die Futtermittelindustrie bietet eine große Palette von Hundefutter an. Inzwischen wird für jedes Alter ein spezielles Futter produziert. Die meisten Futtermarken sind so ausgewogen, dass sie als Grundnahrungsmittel für den Golden geeignet sind. Wichtig ist gerade für Welpen, dass der Proteingehalt nicht zu hoch ist: 20 bis 25 % sind für den heranwachsenden Hund durchaus genug. Manche Welpenfutter haben mehr Proteine. Auch hier gilt also: Vertrauen Sie dem Züchter Ihres Hundes – er hat sicher Erfahrungen mit dem von ihm empfohlenen Futter gemacht.

Tagesration eines Welpen

Der Speiseplan eines Welpen sieht von der achten bis zur zwölften Lebenswoche vier Mahlzeiten pro Tag vor. Die Futtermenge, die der kleine Magen auf einmal aufnehmen kann, ist nicht sehr groß, daher muss die Tagesration aufgeteilt werden.

Ration am Morgen
Gegen 8.00 Uhr erhält unser kleiner Freund eine Portion Trockenfutter, das man einige Zeit zuvor in warmem Wasser eingeweicht hat. Dies ist wichtig, da die meisten Hunde ihr Futter schnell hinunterschlingen. Wenn es trocken verabreicht wird, tritt zum einen das Sättigungsgefühl beim Welpen erst sehr spät ein, zum anderen quillt das Futter dann im Magen auf. Dadurch wird dem Körper Flüssigkeit entzogen, der Welpe muss dann viel Wasser trinken und der kleine Bauch ist viel zu voll. Verdauungsstörungen können die Folge sein.

Die Mahlzeit wird mit frischem Obst oder Gemüse angereichert, z.B. geraspelten Karotten oder Äpfeln. Auch gekochte Kartoffeln, Nudeln oder Reis sind eine gute Beilage. Essensreste, gewürzte Speisen oder Soßen kann das Verdauungssystem des Hundes nicht verarbeiten, sie führen zu Gesundheitsstörungen und eventuell zu Organschäden.

Grüner Pansen
Zum Verfeinern des Geschmacks kann man auch Fleisch unter die Mahlzeit mischen. Dabei ist jedoch zu beachten, dass ein Stück Muskelfleisch für einen Hund längst nicht so nahrhaft ist wie z.B. grüner Pansen. Dieser Teil des Rindermagens enthält vorverdaute Gras- und Pflanzenreste. Der Geruch dieser „Hundedelikatesse" ist zwar für viele Menschen nicht sehr angenehm, Ihr Hund jedoch wird es lieben, und vielleicht werden für uns unappetitliche Gelüste, wie z.B. das Vertilgen der Hinterlassenschaften von Kaninchen oder anderen Pflanzenfressern, durch das regelmäßige Füttern von grünem Pansen etwas eingedämmt. Im grünen Pansen sind außerdem Bakterien enthalten, die für die Darmflora des Hundes sehr nützlich sind. Der Stuhlgang eines Hundes, der zu Durchfällen neigt, kann durch regelmäßige Gabe dieser Innerei wieder normalisiert werden. Grünen Pansen erhält man tiefgefroren im Futtermittelhandel und kann ihn portionsweise auftauen. Gewaschener Pansen riecht zwar nicht so intensiv, erfüllt aber auch nicht den erwünschten Zweck.

> **Tipp | Fleischbeilage**
> Als Fleischeinlage eignen sich neben grünem Pansen auch Rinderherz, Kopffleisch, Hühnerfleisch oder auch gekochter Fisch.

Ein Hund frisst nicht ausschließlich Fleisch. Obst, Gemüse und Milchprodukte sind eine willkommene Bereicherung des Speiseplans.

Gesunde Ernährung

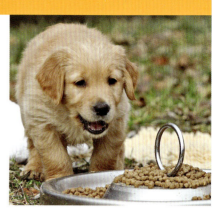

Vom Züchter erhalten Sie einen detaillierten Futterplan und das Futter für die erste Zeit, damit Ihr Welpe nicht durch eine plötzliche Nahrungsumstellung Verdauungsprobleme bekommt.

Rohes Schweinefleisch

Rohes Schweinefleisch sollte niemals gefüttert werden, auch nicht das kleinste Stückchen Mettwurst oder roher Schinken. Ein Hund kann durch rohes Schweinefleisch an der Aujeszky'schen Krankheit sterben. Diese Krankheit wird durch ein Virus verursacht, das für Menschen nicht gefährlich ist. Für einen Hund kann die Infektion tödlich enden. Der Verlauf ähnelt dem der Tollwut, der Hund ist innerhalb von zwei Tagen tot, eine Chance auf Heilung besteht nicht. Gehen Sie also besser kein Risiko ein!

Auch gekochtes Schweinefleisch ist nicht besonders gesund. Man sollte besser Rindfleisch füttern. In jedem Fall ist aber zu beachten, dass auch Trockenalleinfutter (Vollnahrung) einen ausreichenden Fleischanteil enthält. Die zusätzliche Fleischgabe soll lediglich zur Geschmacksverbesserung dienen.

> **Info** Füttern verboten
> - Essensreste und Abfälle
> - Gewürzte Speisen und Soßen
> - Süßigkeiten jeder Art, Schlagsahne, Eiscreme, Kuchen, Schokolade usw.
> - Knochen, die vom Hund aufgefressen werden können.
> - Niemals rohes Schweinefleisch, auch nicht das kleinste Stückchen Mettwurst oder roher Schinken.

Dosenfutter

Dosenfutter erfüllt diesen Zweck auch, aber durch das Kochen gehen viele Vitamine und Mineralstoffe verloren. In keinem Fall sollte ausschließlich Dosenfutter gefüttert werden, in dem der Fleischanteil zu hoch ist. Ein Hund, der nur mit Dosenfutter ernährt wird, riecht meistens sehr stark, das Fell ist fettig und glanzlos und häufig hat er Hautprobleme, da auch hier der Proteingehalt zu hoch ist.

Ration am Mittag

Die Mittagsmahlzeit wird gegen 12.00 Uhr verabreicht. Um den Kalziumgehalt des Futters zu erhöhen, bietet sich hier ein Welpenbrei an (Hafer- oder Grießbrei, gekocht mit je zur Hälfte Wasser und Milch). Milch sollte nur verdünnt mit Wasser gegeben werden, da sie unverdünnt Durchfall verursachen kann. Unter den Brei mischt man Joghurt, Quark oder Hüttenkäse. Die Milchsäurebakterien pflegen den Darm, das Milcheiweiß und der hohe Kalziumgehalt sind der Entwicklung des jungen Golden Retrievers sehr zuträglich. Unter den Brei kann man außerdem eine zerdrückte Banane, einen geriebenen Apfel oder eine rohe und geraspelte Karotte mischen. Auch ein Löffel Distelöl oder ein Eigelb pro Woche tut dem Hund gut. Rohes Eiweiß sollte man jedoch nicht füttern: Bestimmte Inhaltsstoffe im rohen Eiweiß

Eine ausgewogene, gesunde Ernährung trägt zum Wohlbefinden des Hundes bei.

verhindern, dass die wichtigen Vitamine des Eigelbs vom Körper aufgeschlossen werden können.

Ration am Nachmittag und Abend
Die dritte Mahlzeit erhält unser Welpe gegen 17.00 Uhr, sie ist ähnlich zusammengesetzt wie die Mahlzeit um 8.00 Uhr. Gegen 21.00 Uhr steht wieder Welpenbrei auf dem Speiseplan, genau wie um 12.00 Uhr. Die Spätmahlzeit ist somit leicht verdaulich. Das wiederum führt dazu, dass unser Baby die Nacht besser durchhält und wegen eines vollen Darms nicht zu oft nach draußen muss.

Futterzusätze
Als weitere Futterzusätze empfehlen sich hin und wieder ein kleiner Löffel Traubenzucker, Honig, Seealgenmehl oder auch Pflanzenöl. In den sonnenarmen Monaten kann man auch einen kleinen Löffel Lebertran unter das Futter mischen.

Wenn das Futter des Hundes zu 2/3 aus pflanzlichen Bestandteilen und zu 1/3 aus Fleisch besteht, wenn ausreichend Milchprodukte, Obst und hin und wieder auch mal ein paar frische Kräuter, Salat oder z. B. Löwenzahn mit auf dem Speiseplan stehen, kann man auf Futterzusätze wie Vitamin- oder Mineralstoffpräparate gut verzichten. Auch hier gilt: Ein Zuviel ist manchmal schädlicher als ein Zuwenig. Ein zu hoher Kalziumanteil kann dazu führen, dass die Knochen des Hundes zu schnell aushärten. Das kann zu Haarrissen an den Wachstumsfugen des Knochens führen, wo sich dann Arthrosen bilden können. Zu viele Vitamine werden vom Körper nicht verarbeitet und wieder ausgeschieden. Die meisten hochwertigen Fertigfuttersorten haben einen ausgewogenen Gehalt an Vitaminen und Mineralstoffen.

Wasser
Es versteht sich von selbst, dass für den Golden Retriever immer frisches Trinkwasser zur Verfügung stehen muss. Gerade im Sommer ist der Flüssigkeitsbedarf nicht allein über das Futter zu befriedigen. Im Winter kann es jedoch sein, dass der Hund kein zusätzliches Wasser aufnimmt, wenn das Futter genügend Feuchtigkeit enthält. Man sollte sich also keine Sorgen machen, wenn er weniger trinkt.

Gesunde Ernährung

Info | Täglicher Fütterungsplan

Alter	Mahlzeiten	Uhrzeit
bis 3 Monate	4	8, 12, 17, 22 Uhr
bis 6 Monate	3	8, 14, 20 Uhr
über 6 Monate	2	8, 17 Uhr

Fütterung des erwachsenen Hundes

Die vom Futtermittelhersteller empfohlenen Mengen sind häufig reichlich bemessen. Man muss seinen Golden Retriever beobachten, um zu wissen, wie viel er braucht. Ein gesunder Hund wirkt niemals dick, man kann die Rippen fühlen, wenn man ihn streichelt. Er sollte aber auch nicht so dünn sein, dass man die Rippen sehen kann. Als Faustregel gilt: Ein eher etwas dünnerer Hund ist sicher gesünder als ein dicker Hund, wobei die Zusammensetzung des Futters immer so ausgewogen sein muss, dass keine Mangelerscheinungen auftreten. Die meisten Fertigfutter erfüllen diesen hohen Qualitätsstandard. Futterzusätze dienen daher zuerst der Geschmacksverbesserung.

Anzahl der Mahlzeiten

Mit etwa zwölf Wochen stellt man den jungen Golden Retriever auf drei Mahlzeiten pro Tag um. Man lässt zunächst die Spätmahlzeit weg, gleichzeitig vergrößert man die Abstände zwischen den verbleibenden Mahlzeiten. Es reicht aus, wenn der Hund in diesem Alter seine letzte Mahlzeit gegen 20.00 Uhr erhält. Die Nächte werden dann ruhiger, weil der Hund bevor man Schlafen geht noch ausgiebig Zeit hat, seinen Darm und die Blase zu entleeren. Vor Erreichen dieses Alters kann er eine so lange Zeit ohne Futter nur schlecht überstehen.

Mit ca. sechs Monaten kann der junge Hund dann mit zwei Mahlzeiten pro Tag auskommen, wobei wiederum die Tagesration nach und nach entsprechend dem Bedarf des Hundes gesteigert wird.

Bei zwei Mahlzeiten pro Tag bleibt es dann; die gesamte Futtermenge auf einmal zu geben, ist auch für den erwachsenen Hund nicht gesund: Der Magen wird überladen, und eine lebensbedrohliche Magendrehung könnte die Folge sein.

Die Fütterungszeit

Mit der Zeit sollte man auch dazu übergehen, die Mahlzeiten nicht immer um genau die gleiche Uhrzeit anzubieten. Ein Hund hat eine innere Uhr, und es könnte sehr lästig werden, wenn man auch am Wochenende immer um 8.00 Uhr morgens füttern muss, weil unser Freund bellend in der Küche steht und sein Frühstück einfordert. Es ist daher ratsam, den erwachsenen Hund nicht immer zu festen Zeiten zu füttern, sondern mal eine oder zwei Stunden früher oder später.

Ist der Golden Retriever ausgewachsen, kann man hin und wieder sogar einmal eine Mahlzeit ganz ausfallen lassen. Gerade wenn ein Hund dazu neigt, schnell dick zu werden, kann ein Fastentag sehr hilfreich sein. Selbstverständlich muss immer Trinkwasser zur Verfügung stehen.

Leckerbissen und Kauartikel

Hin und wieder kann es nützlich sein, besondere Leckerbissen zu haben, die es selbstverständlich nicht jeden Tag geben darf. Vielleicht muss man dem Hund einmal Medikamente eingeben, z.B. Tabletten. Mit einem Stück Käse (selbstverständlich nicht bei Tisch, sondern an dem Platz, wo normalerweise gefüttert wird) nimmt fast jeder Hund auch Tabletten ein. Man kann das kleine Ding auch in ein wenig Kalbsleberwurst einhüllen, mit einem Happ ist es dann weg, und der Hund hat es nicht einmal gemerkt.

Auch für besondere Leistungen, z.B. bei der Erziehung, kann die Belohnung mit einem Leckerchen sehr hilfreich sein. Hierzu eignen sich fast alle handelsüblichen kleinen Hundesnacks und noch besser solche, die nicht erst gekaut werden müssen und den Hund vom Lernen erst einmal ablenken.

> **Tipp | Beschäftigung**
>
> Kauartikel, mit denen sich der Hund etwas länger beschäftigen kann, gibt es in großer Anzahl. Beliebt sind z.B. Büffelhautknochen oder andere größere Leckereien, die nicht mit einem Mal verschluckt werden können. Hier sollte man jedoch darauf achten, dass der Hund nicht Unmengen vertilgt.

Auch Leckerchen und Kauartikel haben einige Kalorien. Der Golden Retriever sollte diese nicht ständig erhalten, damit es etwas Besonderes bleibt und die Figur nicht allzu sehr belastet.

Zahnwechsel

Gerade ein junger Hund kaut mit Vorliebe an irgendetwas herum. Während des Zahnwechsels, der etwa mit vier bis fünf Monaten stattfindet, ist dieses Verlangen besonders groß. Man sollte hier Alternativen zu Stuhlbeinen und anderen Möbelstücken anbieten. Geeignet ist z.B. auch ein Markknochen. Man kocht ihn und entfernt das Knochenmark, damit der junge Hund von dieser fettigen Substanz keinen Durchfall bekommt. Ein erwachsener Golden kann den Knochen auch mit dem Mark bekommen. Wichtig ist, dass der Knochen groß genug ist, damit er nicht im Ganzen verschluckt werden kann. Das Loch in der Mitte, wo das Mark enthalten war, darf nicht so groß sein, dass der Unterkiefer des Hundes darin steckenbleiben könnte. Knochen sind allerdings nur dann geeignet, wenn der Hund sie nicht auffressen kann (Verletzungen in Fang und Darm könnten die Folge sein). Der Beinknochen eines Rindes ist in der Regel so hart, dass keine Stücke abgebissen werden können.

Futtermäkler

Futter- und Wassernapf werden regelmäßig gereinigt, Futterreste entfernt. Auch im Hundefutter vermehren sich Bakterien, die dem Hund schaden können. Das Futter sollte daher nicht den ganzen Tag über stehen bleiben. Wenn der Hund die angebotene Mahlzeit nicht zügig auffrisst, nimmt man den Napf weg und bietet zur nächsten Mahlzeit erneut etwas an. Wenn der Hund gelernt hat, dass sein Futter den ganzen Tag über erreichbar ist, wird er entweder zu viel fressen oder sein Leben lang herummäkeln und nur gelegentlich ein Häppchen zu sich nehmen. (Dies widerspricht allerdings dem eigentlichen Fressverhalten des Hundes. Im Rudel würde die Beute sofort von den anderen Rudelmitgliedern vertilgt werden.)

Ein Golden Retriever, der schlecht frisst, kann eine Plage werden. Auch die besten Tricks, wie z.B. das Füttern aus der Hand, führen nicht dazu, dass er lernt, seine Nahrung zügig aufzunehmen, im Gegenteil. Die verschmähte Mahlzeit durch die Gabe von Leckerchen zu ersetzen, führt nur dazu, dass der Hund gar kein Hungergefühl entwickelt. Man darf auch nicht in den Glauben verfallen, dass ständig die Sorte oder andere Zusätze gewechselt werden müssen. Der Hund ist kein Feinschmecker, er frisst, weil er Hunger hat und am Leben bleiben will, und nicht wie wir, weil man auf ein bestimmtes Menü Lust hat. Wenn er einmal eine Mahlzeit auslässt, lassen Sie ihn ruhig, er wird seine Gründe dafür haben.

Ein Hund, der am Tisch bettelt, ist für die meisten Menschen lästig. Speisen, die wir zu uns nehmen, sind in der Regel für den Golden nicht gesund. Es gibt viele gute Gründe, das Betteln am Tisch von Anfang an nicht zu dulden.

Betteln

Dinge, die wir Menschen essen, sind für den Verdauungsapparat des Hundes nicht immer gesund. Aus diesem Grund sollte man grundsätzlich darauf verzichten, den Hund mit Essensresten zu füttern. Ein Hund, der bei Tisch bettelt, ist nicht niedlich, sondern lästig. Und selbst wenn man sich von einem kläffenden, sabbernden Vierbeiner bei Tisch nicht belästigt fühlt – möglicherweise will man den Kameraden ja mal in ein Restaurant mitnehmen oder Gäste empfangen, die selbst keinen Hund haben oder bettelnde Hunde nicht mögen. Unter dem Strich tut man dem Hund mit der Fütterei bei Tisch keinen Gefallen. Wenn er nie erlebt hat, dass vom Tisch etwas herunterfällt, wird er es auch nicht einfordern.

Der Küchenchef bin ich

Das Gleiche gilt für die Vorbereitung der Mahlzeiten in der Küche: Der Hund lernt schnell, bestimmte Geräusche in der Küche einzuordnen: Wenn er ein paarmal etwas aus dem Kühlschrank bekommen hat, wird er sofort, selbst aus dem tiefsten Schlaf heraus, in die Küche gerannt kommen, wenn er das Klicken der Kühlschranktür hört. Es ist wirklich erstaunlich, wie viele Hunde sofort kommen, wenn man den Kühlschrank öffnet oder sonstige Geräusche in der Küche produziert, aber auf die Hundepfeife nicht reagieren. Das lässt sicher nicht auf mangelnde Intelligenz schließen, sondern eher darauf, dass er von seinem Halter auf das Komm-Signal nicht gut konditioniert worden ist.

Übergewicht

Ist der Golden Retriever zu dick, gilt Reis als das Mittel der Wahl. Wenn man über einen Zeitraum von etwa einer Woche die Hälfte der Mahlzeit durch Reis ersetzt, den man unter das Futter mischt, hat der Hund sicher schon einen Teil seines Übergewichts verloren.

Selbstverständlich sind auch „Leckerchen" Futter. Mancher Hund erhält über den Tag verteilt zusätzlich mindestens die Menge einer Mahlzeit in Form von Leckerchen. Machen Sie einmal den Test: Legen Sie für jedes Leckerchen, das der Hund bekommt, das gleiche beiseite und sehen Sie am Abend nach, wie groß die Menge ist. Möglicherweise werden Sie erstaunt sein. Die meisten Hunde werden von normaler Ernährung allein nicht zu dick, sofern die Menge der Größe des Hundes angepasst ist. In der Regel sind es die Kleinigkeiten zwischendurch, die sich auf der Taille niederschlagen.

Für alle viel angenehmer: Ein Hund, der während der Mahlzeiten abseits liegt und seine Menschen nicht bedrängt.

> **Tipp | Die Pfunde purzeln**
>
> Überprüfen Sie zunächst kritisch, was Ihr Hund alles frisst. Rechnen Sie die Leckereien, die er über den Tag verteilt erhält, zu den normalen Mahlzeiten hinzu. Sparen Sie jede Leckerei außerhalb der normalen Mahlzeiten ein! Für eine gewisse Zeit ersetzt man die Hälfte des normalen Futters durch gekochten Reis. Gönnen Sie Ihrem Golden viel Bewegung, das hält nicht nur ihn fit.

Fressen auf Vorrat

Ist der Golden erst einmal viel zu dick, ist die logische Folge, dass er sich nicht mehr gern bewegt. Durch die zunehmende Trägheit setzt er immer mehr an, und der Teufelskreis beginnt. Dass ein zu dicker Retriever niemals gesund ist, brauche ich sicher nicht näher zu erläutern. Tun Sie Ihrem Hund das also nicht an! Zwar sind die meisten Hunde sehr verfressen, aber es ist eine Frage der Erziehung, ob der Hund nach Futter bettelt. Er frisst „auf Vorrat", schließlich weiß er nicht, ob er morgen wieder etwas bekommen wird. Aus diesem Grund wird er alles, was angeboten wird, auch annehmen.

Verdauungsstörungen

Bei Verdauungsstörungen wie Durchfall oder Erbrechen heißt die erste Maßnahme, den Magen und den Darm zu entlasten. Das bedeutet, dass man zumindest eine Mahlzeit ausfallen lässt; der erwachsene Hund fastet einen ganzen Tag lang, erhält aber Wasser zu trinken. Am nächsten Tag kann man dann langsam anfangen, wieder feste Nahrung zu geben, zunächst in Form leicht verdaulicher Produkte.

Wundermittel Reis

Zunächst heißt das Wundermittel bei Magen- und Darmstörungen Reis. Man kocht ihn in Salzwasser ab, die Kochflüssigkeit gießt man nicht weg, sondern füttert sie mit. Der Reis wird mit Hüttenkäse vermischt und vielleicht mit einem Eigelb. Am nächsten Tag kann man, wenn sich das Befinden bessert, ein paar Haferflocken, mageres Fleisch (z.B. Huhn) oder mageren Fisch und nach und nach vorsichtig auch wieder das gewohnte Futter unter den Reis mischen.

Selbstverständlich muss man sofort den Tierarzt aufsuchen, wenn der Hund auch sonstige Symptome, z.B. Fieber oder Mattigkeit, zeigt. Es könnte dann eine ernstere Ursache hinter der Verdauungsstörung stecken.

Erbricht sich der Hund über längere Zeit, könnte z.B. ein Fremdkörper im Darm stecken, auch hier ist also Vorsicht geboten. Ein „normaler" Durchfall jedoch, der nicht länger als ein oder zwei Tage anhält, muss nicht immer eine ernste Ursache haben und kann mit den oben beschriebenen Maßnahmen sehr gut therapiert werden.

Gesund durch Homöopathie

Hilfreich bei Verdauungsstörungen sind auch homöopathische Arzneimittel.

› Erbrechen und Durchfall oder auch Verstopfung, die durch unverdauliches oder schlechtes Futter hervorgerufen werden und häufig noch mit krampfartigen Bauchschmerzen einhergehen, wobei der Hund einen aufgeblähten Bauch hat und häufig in kleinen Mengen stinkenden, breiigen Kot absetzt, bessern sich häufig durch die Verabreichung von Nux vomica D6. Man gibt 3- bis 5-mal täglich eine Tablette.

Verdauungsstörungen

- Ist der Durchfall eher wässrig und der hellgrünliche Kot wird mit deutlichen Geräuschen abgesetzt, gibt man 3- bis 4-mal täglich eine Tablette Podophyllum D6.
- Tritt der Durchfall hauptsächlich nachts auf, wobei häufig mit Schleim und manchmal auch mit Blut versetzter Stuhl abgesetzt wird, ist Mercurius solubilis D6 das Mittel der Wahl. Man gibt täglich 3- bis 4-mal eine Tablette.
- Magnesium-Phosphoricum D8 wirkt gut bei immer wiederkehrenden Welpendurchfällen, bei denen der Kot säuerlich riecht und eine schaumige Konsistenz hat.

Info | Durchfall bei Welpen

Für Welpen gilt generell: Wann immer Durchfall und Erbrechen zusammen auftreten, sofort den Tierarzt konsultieren! Der Flüssigkeitsverlust kann sehr schnell zu gravierenden gesundheitlichen Problemen führen.

Länge der Eingabe

Man verabreicht das jeweilige Mittel so lange, bis die Beschwerden verschwunden sind. Die Behandlung sollte nicht abrupt abgebrochen werden. Man verringert nach und nach die Dosis und schleicht sich so aus der Behandlung aus. Homöopathische Arzneimittel haben keine Nebenwirkungen. Wird das falsche Mittel eingesetzt, so bleibt es lediglich wirkungslos. Allerdings tritt häufig die sogenannte „Erstverschlimmerung" auf, das heißt, dass die Symptome zunächst wieder stärker werden können.

Im Zweifelsfall, nicht nur wenn der Hund Fieber hat, sollte man einen Tierarzt zurate ziehen, um ernsthafte Ursachen auszuschließen. Gerade bei einem jungen Hund muss man immer auch daran denken, dass zum Beispiel ein verschluckter Fremdkörper zu einem Darmverschluss führen kann. Hin und wieder kann es auch erforderlich sein, den Hund mit Antibiotika zu behandeln, das kann aber nur der Tierarzt entscheiden.

Homöopathische Arzneimittel können in vielen Fällen auch beim Golden Retriever Beschwerden lindern. Sofern nicht innerhalb weniger Tage eine Besserung eintritt, oder sich die Symptome sogar verschlimmern, sollte man in jedem Fall einen Tierarzt aufsuchen.

Gepflegt von Kopf bis Pfote

Das längere Fell des Golden Retrievers ist sehr pflegeleicht und hält jeder Witterung stand. Ab und zu eine wohltuende Massage mit der Bürste ist aber auch für den Golden sehr angenehm. Zudem fördert die Körperpflege die Bindung und das Vertrauen zwischen Mensch und Hund.

Fellpflege

In puncto Körperpflege ist der Golden Retriever wirklich ein „pflegeleichter" Hund. Die Struktur seines Fells macht es möglich: Das Haar ist mittellang und hat eine dichte, Wasser abweisende Unterwolle. Zudem ist der Golden ein sehr wasserfreudiger Hund. Dadurch wird er ohnehin bei jedem Spaziergang, der die Gelegenheit bietet, ein Bad nehmen, das als Körperpflege ausreicht.

Baden ohne Shampoo

Badezusätze, Shampoos oder Ähnliches sind nicht nur nicht notwendig, sondern eher schädlich als nützlich. Durch Seife, egal in welcher Form, wird dem Fell die natürliche Fettschicht entzogen. Der Fettgehalt des Fells schützt sowohl das Haar als auch die Haut des Hundes nicht nur vor Nässe und Kälte, sondern auch vor Schmutz. Wenn man einen Golden intensiv streichelt, werden die Hände von einem grauen, fettigen Belag überzogen. Das Fell ist nämlich immer fettig, und das ist normal und sinnvoll. Wenn der Hund bei einem Spaziergang schmutzig wird, verhindert dies, dass die Schmutzpartikel in das Haar eindringen.

Das Fell des Golden Retrievers reinigt sich sozusagen von selbst. Die Verwendung von Shampoo ist daher nicht erforderlich.

Hunde bevorzugen andere Düfte als wir Menschen. Ein frisch gebadeter Golden wird daher jede sich bietende Gelegenheit nutzen, den Duft des Shampoos durch einen von ihm bevorzugten Geruch zu übertönen.

Nach dem Trocknen kann man den Teil des Schmutzes, der nicht bereits von selbst herausgefallen ist, einfach ausbürsten. Durch übertrieben häufiges Shampoonieren wird das Haar stumpf und glanzlos, und der ganze Hund sieht struppig aus. Die Shampoowäsche wird dann in immer kürzeren Abständen notwendig, weil der Hund irgendwann nur noch dann gut aussieht, wenn er frisch gebadet ist. Die Unterwolle verfilzt, das Fell kann nicht mehr gut gekämmt werden. Schließlich ist auch noch eine Spülung erforderlich, die das Kämmen erst wieder möglich macht.

Empfindliche Haut

So viel Chemie auf der Haut führt dann leicht zu Überempfindlichkeitsreaktionen, die sich in Form von Juckreiz oder trockener, schuppiger Haut äußern können. Notwendige Bakterien, die auf einer gesunden Haut leben, werden abgetötet. Das führt wiederum dazu, dass die Haut ihr natürliches Gleichgewicht verliert und z.B. Pilzinfektionen möglich werden, die durch die notwendigen Bakterien verhindert worden wären. Auch allergische Reaktionen sind nicht selten. Das Fell eines gesund ernährten, gepflegten Hundes wird nicht durch die Verwendung von Spezialshampoos schöner. Schlechte Ernährung oder Stoffwechselstörungen kann man nicht durch den Einsatz von Haarpflegemitteln überdecken.

Die Düfte der Hunde

Gerüche, die von der menschlichen Nase als angenehm empfunden werden, sind einem Hund nur lästig. Das führt dazu, dass ein frisch gebadeter Hund in der Regel jede sich bietende Gelegenheit nutzt, um sich irgendwo zu wälzen, um damit den für ihn unangenehmen und unnatürlichen Geruch wieder loszuwerden. Meist sucht er sich hierfür eine Stelle aus, die nach Aas oder Kot riecht. Das sind nämlich die Gerüche, die er als angenehm empfindet. Der Eigengeruch eines Hundes ist charakteristisch und spielt u.a. für das Revierverhalten eine große Rolle.

Man sollte einem Hund also keinen fremden Duftstoff aufzwingen. Es reicht völlig, wenn nach einem Spaziergang mit klarem Wasser der gröbste Schmutz abgewaschen wird. Wenn der Spaziergang an einem See oder Bach endet, wird der Golden Retriever sein Bad sicher selbst nehmen und

> **Tipp** **Vetbed**
>
> Ein Vetbed ist eine Art „Kunstfell", das die Nässe nach unten durchlässt. Der Hund liegt auf der weichen Oberfläche trocken, und man kann es sogar in der Waschmaschine bei 95 °C waschen.

kommt auf diese Weise wenigstens nur nass zu Hause an. Zum Trocknen sollte der Hund nicht auf zu kaltem Boden liegen. Eine Decke oder ein sogenanntes Vetbed sind eine gute Unterlage.

Massage einmal pro Woche
Wenn man möchte, kann man den Hund, nachdem er trocken ist, noch bürsten. Normalerweise reicht es aber aus, wenn ein Golden Retriever einmal in der Woche gründlich gebürstet wird. Ist er jedoch im Haarwechsel, sollte man ihn in diesen zwei, drei Wochen täglich oder zumindest jeden zweiten Tag bürsten. So wird das tote Haar entfernt, das beim Haarwechsel ohnehin ausfällt und sonst in der ganzen Wohnung verteilt wird. Wenn der Haarwechsel aufhört, also beim Bürsten weniger Haare ausgehen, sollte man auch die Häufigkeit des Bürstens reduzieren. Durch die Bürstenmassage wird sonst die Hautdurchblutung angeregt, was dazu führt, dass immer mehr Haar abgestoßen wird. Man hat also den Eindruck, dass bei zu häufigem Bürsten immer mehr Haare ausgehen und der Haarwechsel kein Ende nehmen will.

Außerhalb des zweimal jährlich stattfindenden Haarwechsels reicht es durchaus, wenn der Hund ca. einmal pro Woche gebürstet wird.

Wichtig ist, dass nicht nur das obere Fell durchgekämmt wird, sondern auch die Unterwolle, damit sie nicht verfilzen kann. Die Bürste soll also so beschaffen sein, dass man damit auch bis in die unteren Fellschichten durchdringen kann. Gut geeignet ist auch ein Kamm. Beides darf nicht scharfkantig sein, damit man die Haut des Hundes nicht verletzt.

Gewöhnung an die Fellpflege
Die meisten Hunde genießen die Fellpflege, weil jeder Bürstenstrich wie eine Streicheleinheit empfunden wird. Bei jungen Hunden fehlt es oft an der nötigen Geduld, um stillzuhalten.

Trotzdem sollte man darauf bestehen, dass der Hund diese Prozedur über sich ergehen lässt. Das fördert die Unterordnungsbereitschaft, und mit der Fellpflege lässt sich gut die Übung STEH verbinden (siehe S. 109). Man kann auch die Gelegenheit nutzen, den Hund nach Hautverletzungen und Parasiten abzusuchen, und z.B. Zecken entfernen.

Mit der regelmäßigen Bürstenmassage lässt sich gut die Übung STEH verbinden.

Richtig Trimmen

Ein gepflegtes Äußeres

Die „kosmetische" Korrektur des Fells ist beim Golden Retriever zwar nicht zwingend erforderlich, der Hund sieht aber wesentlich gepflegter aus, wenn er regelmäßig getrimmt wird. Mit ein wenig Übung kann man das leicht selbst machen. Das korrekte Trimmen sollte man sich aber in jedem Fall vom Züchter oder einem anderen erfahrenen Retriever-Besitzer zeigen lassen.

Werkzeug

- Haarschneideschere, möglichst mit abgerundeten Spitzen, damit man den Hund nicht verletzt.
- Effilierschere, mit der man zu dichtes Fell ausdünnen kann. Sie ist das wichtigste Utensil, man kann sie so benutzen, dass man gar nicht sieht, dass etwas abgeschnitten wurde.

Rute

Junghund

Das Trimmen beginnt schon beim jungen Hund. Wenn das Welpenfell ausgefallen ist und die Befederung an der Rute zu wachsen beginnt, bildet sich meist eine Locke am Rutenende. Dadurch wirkt die Rute sehr lang. Man fasst also die Rute zwischen Daumen und Zeigefinger und fährt bis zum Rutenende. Diese hält man so fest, dass die Finger noch über das letzte Rutenglied hinausragen, die überstehenden Haare schneidet man ca. 0,5 cm hinter dem Rutenende ab.

Erwachsener Hund

Hier fasst man die Rute zunächst horizontal. Dabei liegt der Daumen oben auf der Rute auf, die übrigen Finger der Hand liegen unter der Rute. Man fährt bis zum Rutenende und schneidet die überstehenden Haare ca. 0,5 cm hinter dem Rutenende in Form eines Halbkreises ab. Anschließend hält man sie am hinteren Ende fest und schneidet die Haare von der Spitze bis hin zum Körper des Hundes in einem schön geschwungenen Bogen. Auf die Befederung der Rute ist ein Retriever-Besitzer besonders stolz. Man kürzt die Haare daher nur so weit, wie es unbedingt nötig ist. Die Rute sollte nicht ausgefranst wirken, die Länge und der Schwung des Bogens werden durch das im Halbkreis beschnittene Rutenende vorgegeben.

Pfoten

Haare an den Ballen

Auch die Pfoten des Golden Retrievers werden getrimmt, damit sie möglichst rund aussehen. Die Haare, die zwischen den Ballen herauswachsen, führen zudem dazu, dass der Hund auf glattem Boden weniger Halt beim Laufen hat. Außerdem schleppt er viel mehr Schmutz mit ins Haus.
Man schneidet zunächst alle Haare ab, die zwischen den Ballen herauswachsen. Am besten legt man dazu den Hund auf die Seite. Die meisten Retriever sind an den Ballen kitzlig. Es braucht also eine gewisse Übung, bis der Hund bei dieser Prozedur still hält.
Damit die Pfoten rund wie Katzenpfoten aussehen, schneidet man auch an den Außenseiten der Pfoten alle Haare ab, die über die Ballen hinausragen. Alle Korrekturen führt man ausschließlich von der Unterseite der Pfoten aus.

Vorder- und Hinterläufe

An den Vorderpfoten schneidet man außerdem das Haar zwischen der Pfote selbst und dem kleinen Ballen an der Hinterseite des Vorderlaufes kurz. Hierzu benutzt man die Effilierschere. Die Befederung der Vorderläufe wird auf keinen Fall angetastet. An den Hinterläufen wird das Haar von der Pfote bis hoch zum Sprunggelenk ebenfalls mit der Effilierschere gekürzt.

Wamme

Bei vielen Golden Retrievern muss auch die Wamme, also die Unterseite des Halses, getrimmt werden. Dazu dünnt man mit der Effilierschere die Haare aus. Betroffen von der Korrektur ist die dreieckige Partie, die sich zwischen den beiden gedachten Linien vom rechten und linken Ohr bis zum Brustbein befindet. Dabei werden auch die Haare gekürzt, die unter den Ohren gegenläufig zusammenwachsen. Durch die Korrektur wirkt der Hals länger und schlanker.

Ohren

Die Ohren selbst werden von der Unterseite her so getrimmt, dass die überstehenden Haare entlang des Ohres abgeschnitten werden. Ein auf diese Weise getrimmter Hund wirkt gepflegt, das Trimmen unterstützt den harmonischen Körperbau und das gesamte Erscheinungsbild des Golden Retrievers.

Zur Pflege der Augen reicht es aus, regelmäßig den inneren Augenwinkel mit einem feuchten Papiertaschentuch zu säubern.

Krallenpflege

Sind die Krallen sehr lang, kann es erforderlich sein, sie zu schneiden. Die bessere Alternative ist allerdings regelmäßige Bewegung auf festem Boden, z.B. auf einem gepflasterten Gehweg. Die Krallen werden dabei von selbst abgenutzt und so in der richtigen Länge gehalten. Wenn man die Krallen häufig schneidet, wachsen sie immer schneller nach.

Vorsicht: Bis weit nach vorn in die Kralle hinein reichen Blutgefäße und Nerven. Es kann daher sehr schmerzhaft für den Hund sein, wenn die Krallen zu kurz geschnitten werden. Hat der Hund ein sehr gutes Pigment, sind die Krallen möglicherweise bis nach vorn schwarz, und man kann nicht sehen, wie weit der Nerv reicht. Daher immer nur ganz wenig entfernen! Bei Hunden mit hellen Krallen hat man es etwas leichter.

Traut man sich diese „Fußpflege" nicht zu, kann auch der Tierarzt die Krallen kürzen. Will man selbst Hand anlegen, sollte man auf jeden Fall eine Krallenzange benutzen, die die Kralle nicht seitlich zusammenquetscht, sondern von unten her abschneidet: Die Kralle wird dabei durch ein Loch in der Zange gesteckt.

Augenpflege

Am inneren Augenwinkel eventuell austretendes Sekret wird regelmäßig mit einem feuchten Papiertaschentuch entfernt. Hat der Hund eitrigen Ausfluss im Auge, ist möglicherweise sogar die Bindehaut geschwollen und rot, kann eine Bindehautentzündung vorliegen. In diesem Fall sollte man den Tierarzt aufsuchen.

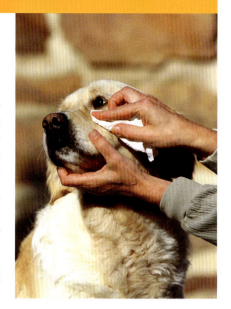

Ohrenpflege

Die Ohren des Hundes sollten regelmäßig kontrolliert werden. Durch das Buddeln in Mäuselöchern kann z.B. Schmutz in das Ohr eindringen. Genau wie bei uns Menschen sondert die Haut im Ohr fettige Substanzen ab, die auch die Aufgabe haben, das Ohr zu schützen. Findet man aber im Inneren des Ohres einen braunen Belag, muss man die Ohren säubern. Zu diesem Zweck stehen Lotionen zur Verfügung, die man beim Tierarzt oder im Zoofachhandel kaufen kann. Diese Lotionen träufelt man in das Ohr und massiert den Gehörgang von außen. Die Lotion löst den fettigen Schmutz, und der Hund schüttelt sich die gelösten Schmutzpartikel heraus. Diese Prozedur ist den meisten Hunden jedoch sehr unangenehm. Wasser im Ohr zu haben, ist auch für einen Hund kein Vergnügen.

Reinigung bei Bedarf

Regelmäßiges Reinigen der Ohren, z.B. wöchentlich, ist nicht anzuraten. Viel besser ist es, die Ohren regelmäßig zu kontrollieren und nur bei Bedarf zu

> **Tipp | Reinigung mit Öl**
>
> Man kann die Ohren auch reinigen, indem man ein mit Salatöl befeuchtetes Papiertuch um den Zeigefinger wickelt und damit die Innenseite des Ohres auswischt. Das Trommelfell des Hundes sitzt ziemlich tief; die Gefahr, den Hund zu verletzen, besteht kaum. Wattestäbchen sollte man aber auf keinen Fall verwenden! Außerdem sollte man darauf achten, dass der Schmutz nicht noch tiefer in den Gehörgang hineingeschoben wird.

reinigen. Sind die Ohren aber entzündet und riechen sehr stark, kratzt sich der Hund auffällig oft am Hals und an den Ohren selbst, könnten Ohrmilben die Ursache sein. Entzündungen der Ohren sind für den Hund äußerst schmerzhaft. Die Ohren sind häufig berührungsempfindlich, manchmal sogar heiß. Eine Ohrenentzündung kann sogar dazu führen, dass der Hund mit schief gehaltenem Kopf umherläuft oder sich mit dem Ohr über den Boden schiebt. In diesem Fall ist ein Besuch beim Tierarzt unumgänglich.

Gebisspflege

Zur Zahnpflege gibt man dem Hund hin und wieder etwas zum Kauen. Hier bieten sich harte Hundekuchen oder Kalbsknochen an. Bei Kalbsknochen muss man jedoch unbedingt darauf achten, dass der Hund keine Stücke abbeißen und verschlucken kann, das kann nämlich zum Darmverschluss führen. Oft haben Hunde nach dem Fressen von Knochen extrem harten, manchmal fast weißen Stuhlgang. Das ist dem Hund sehr unangenehm und kann beim Kotabsetzen Schmerzen verursachen. Am besten sind also Knochen, die der Hund nicht zerbeißen kann.

Zur Pflege der Zähne reicht es aus, wenn der Hund auf dem Knochen nur herumkaut, ohne ihn aufzufressen. Auch harter Hundekuchen oder getrocknetes Brot sind gut geeignet, die Zähne des Hundes zu pflegen. Selbstverständlich darf das Brot nicht verschimmelt sein.

Im Fachhandel gibt es auch spezielle Zahnbürsten und Zahnpasta für Hunde. Die verfressenen Golden lassen sich eigentlich sehr leicht an das regelmäßige Zähneputzen gewöhnen – es ist sozusagen ein Extra-Leckerchen.

Manche Hunde neigen zu starker Zahnsteinbildung. Das kann den Zahnschmelz angreifen und zu schlechtem Mundgeruch führen. In diesem Fall kann nur der Tierarzt helfen. Er entfernt den Zahnstein in Narkose mithilfe eines Ultraschallgerätes.

Ein gesundes Gebiss ist frei von Ablagerungen und Zahnstein. Kauknochen und harte Hundekuchen helfen, Zahnsteinbildung zu vermeiden.

Gepflegte Umgebung

Neben der Pflege des Hundes selbst ist auch die Sauberkeit der unmittelbaren Umgebung wichtig. Selbstverständlich müssen die Näpfe für Futter und Wasser sauber gehalten werden.

Auch der Schlafplatz muss regelmäßig gereinigt werden. Waschbare Decken oder ein Vetbed erleichtern hier die Arbeit. Am besten wäscht man die Unterlage einmal wöchentlich bei höheren Temperaturen. Liegt der Hund auf einem Kissen, sollte zumindest der Bezug gewaschen werden können. Sofern der Hund den Garten auch als Toilette benutzt, ist es wichtig, die Hinterlassenschaften täglich zu entfernen. Hunde mögen es nicht, in ihren eigenen Exkrementen herumlaufen zu müssen.

Eine gepflegte Umgebung ist für die Gesundheit des Hundes wichtig. Parasiten vermehren sich gern in schmutziger, feuchter Umgebung. Durch die aufgeführten Hygienemaßnahmen kann man dazu beitragen, dass der Hund gesund bleibt.

Info | Pflegekalender

Täglich
- Augen kontrollieren,
- Futter- und Wassernapf säubern.

Wöchentlich
- Fell bürsten und kämmen (im Haarwechsel täglich), dabei auf Zecken oder Hautveränderungen achten,
- Ohren kontrollieren,
- Liegeplatz reinigen, Kissen waschen.

Vierteljährlich
- Pfoten, Rute und Wamme trimmen und ggf. Krallen schneiden.

Hygiene während der Läufigkeit

Ein Hauptgrund sich gegen eine Hündin zu entscheiden, ist die Läufigkeit und die damit verbundene „Unsauberkeit". Dies ist jedoch meist kein Problem, da sich die Hündin selbst sehr sauber hält. Bei manchen Hündinnen bemerkt man nicht einmal, dass sie läufig sind. Auch gibt es spezielle Läufigkeitshöschen, die man der Hündin anziehen kann. Dies ist vor allem bei Teppichböden oder in Ferienwohnungen usw. sehr sinnvoll.

Phasen der Läufigkeit

Eine Golden Retriever Hündin wird in der Regel zweimal im Jahr läufig (also ca. alle sechs Monate). Die erste Läufigkeit tritt meist zwischen dem 6. und 12. Monat ein.

Sie beginnt mit dem Anschwellen des Geschlechtsteils (Vulva) und dem Ausfluss eines hellen Sekrets, das nach wenigen Tagen blutig wird. Bereits jetzt werden die Rüden auf den Geruch der Hündin reagieren und an ihr schnüffeln. Im Normalfall quittiert sie dies mit einem ruppigen Abbellen und Abschnappen der Rüden. Nach ca. 9 bis 14 Tagen wird die Blutung schwächer und viele Hundebesitzer rechnen schon mit einem Ende der Läufigkeit. Doch nun erst gilt es aufzupassen. Die Hündin ist jetzt ihrerseits auf der Suche nach Rüden und dreht ihre Rute zur Seite, wenn man sie auf der Kuppe berührt. Haben Sie weitere Hündinnen im Haushalt, kann es sein, dass diese nun auf der läufigen Hündin aufreiten. Die Hündin ist nun ca. 3 bis 7 Tage deckbereit und es gilt Sicherheitsstufe 1. Das heißt, Sie sollten sie nicht mehr unbeaufsichtigt in den Garten lassen, wenn er nicht rüdensicher ist (Rüden sind hier sehr einfallsreich) und auf dem Spaziergang gehört die Hündin an die Leine.

Nach Beendigung der Läufigkeit wird die Vulva wieder kleiner, die Hündin bellt Rüden ab und manchmal wird ihr gesamtes Verhalten etwas ruhiger.

Scheinträchtigkeit

Es kann passieren, dass Ihre Hündin nach sechs bis acht Wochen im Garten noch größere Löcher buddelt als sonst, aus ihren Decken ein Nest baut und allerlei Spielzeug dort hineinträgt. Auch das Gesäuge kann anschwellen und manchmal kommt es auch zum Milchausfluss. Dies sind Zeichen für eine Scheinträchtigkeit. Je nach Schwere können Sie entweder homöopathisch helfen (z.B. Pulsatilla D30, 3x täglich eine Gabe) oder Ihren Tierarzt um Rat fragen.

Wichtig ist, dass man seine Hündin in dieser Zeit nicht noch mehr umsorgt, sondern sie ausreichend beschäftigt (z.B. Dummyarbeit, siehe S. 116). Entfernen Sie auch das Spielzeug, das sie sich als Ersatzwelpen ausgesucht hat.

Scheinträchtige Hündinnen machen häufig einen ruhigen Eindruck. Gehen Sie nicht darauf ein, sondern beschäftigen Sie Ihre Hündin ausgiebig.

Rundum gesund

Ein glänzendes Fell, klare Augen, eine freudig getragene Rute und ein fröhliches aktives Wesen – all das sind Anzeichen für einen gesunden Golden Retriever. Da Golden sich ständig ihren Menschen mitteilen, werden Sie schnell bemerken, wenn etwas nicht stimmt. Dann sollten Sie ihn genau beobachten und gegebenenfalls einen Tierarzt aufsuchen.

Vorbeugen ist besser als heilen

Auch bei der Gesundheit unserer Golden Retriever gilt: Vorbeugen ist besser als heilen. Wichtigste Voraussetzung für das Gesundbleiben ist, ebenso wie bei uns Menschen, eine ausgewogene Ernährung. Im engen Zusammenleben mit seinem Golden stellt man schnell fest, ob etwas mit ihm nicht stimmt. Man sieht ihm nämlich an, ob er sich wohlfühlt. Die Struktur und Beschaffenheit des Fells, die Körperhaltung und der Ausdruck in seinen Augen verraten viel über sein Wohlbefinden.

Ein gesunder Golden Retriever ist ein aktiver Hund, der zu jeder Zeit für einen Spaziergang oder ein Bad im Fluss zu begeistern ist.

Allzu große Sorglosigkeit ist hier genauso schädlich wie das ängstliche Beobachten des Hundes, ständig auf der Suche nach irgendwelchen Anzeichen für eine Erkrankung. Solange er mit Appetit das ihm angebotene Futter verspeist, ohne große Überredungskünste für einen Spaziergang oder ein Spiel zu begeistern ist und aktiv am Leben teilnimmt, ist erst einmal alles in Ordnung. Damit das auch so bleibt, sollten man allerdings einige wenige Vorsorgemaßnahmen ergreifen.

Rundum gesund

Die regelmäßige Impfung ist auch für einen Golden wichtig. Eine gründliche Voruntersuchung vervollständigt den jährlichen Gesundheits-Check.

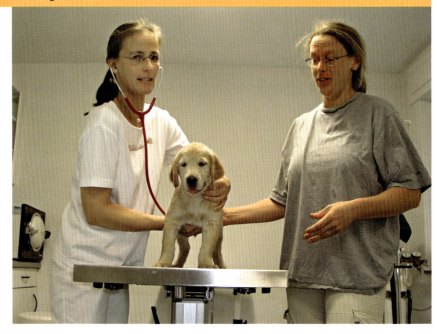

Impfungen

Da wir unseren Golden überallhin mitnehmen möchten, auch in den Urlaub, sollte er regelmäßig geimpft werden. Die fünf wichtigsten Impfungen sind die gegen Tollwut, Staupe, Hepatitis, Leptospirose und Parvovirose. Wenn man den Welpen beim Züchter abholt, ist er gegen diese Krankheiten bereits grundimmunisiert. Die Tollwutschutzimpfung kann man jedoch frühestens mit zwölf Wochen geben, hier besteht also noch kein Impfschutz. Auch die Grundimmunisierung gegen Staupe, Hepatitis, Leptospirose und Parvovirose ist keine endgültige Sicherheit gegen die Infektion mit diesen Erkrankungen. Erst nach der Wiederholungsimpfung im Alter von zwölf Wochen, die man dann zusammen mit der Impfung gegen Tollwut durchführen lassen kann, ist der Welpe einigermaßen geschützt. Zu beachten ist dabei allerdings, dass der Impfschutz erst ca. vier Wochen nach der erfolgten Injektion aufgebaut ist. Bis zum Alter von 16 Wochen muss man also beim Welpen vorsichtig sein.

Wiederholungsimpfungen

Der Impfschutz baut sich nach und nach ab, so dass Wiederholungsimpfungen das ganze Hundeleben lang erforderlich sind. Man impft den Hund daher jährlich gegen Leptospirose und Parvovirose. Die Hersteller der Impfstoffe halten eine Wiederholungsimpfung für Staupe und Hepatitis im Ab-

Info | Gesundheits-Check

Krankheitssymptome lassen sich im täglichen Umgang gut erkennen. Achten Sie auf folgende Anzeichen:
> Erstes Warnsignal: trauriger, apathischer Ausdruck.
> Futterverweigerung länger als einen Tag sollte man ernst nehmen.
> Fieber oder Teilnahmslosigkeit sind ernst zu nehmende Signale.
> Ausfluss aus der Scheide der Hündin außerhalb der Läufigkeit ist immer ein Grund, den Tierarzt aufzusuchen.
> Lahmheiten vorn oder hinten mahnen zumindest dazu, den Hund körperlich zu schonen.
> Durchfall oder Erbrechen erfordern eine Diät und bei längerer Dauer den Besuch beim Tierarzt.

stand von zwei Jahren für ausreichend. In jüngster Vergangenheit sind jedoch hin und wieder Infektionen mit Staupe auch bei geimpften Hunden vorgekommen. Diese sogenannten Impfdurchbrüche sind leider nicht auszuschließen. Der Tierarzt wird gern Auskunft darüber geben, ob eine jährliche Impfung anzuraten ist. Die Wiederholungsimpfung gegen Tollwut ist je nach Impfstoff nur noch alle drei Jahre erforderlich.

Die regelmäßige Impfung des Golden ist aber auch für den Menschen wichtig. Schließlich können Infektionskrankheiten des Hundes auch den Menschen krank machen. Die Impfung gegen Tollwut ist bei Reisen ins Ausland oder für die Teilnahme an Ausstellungen und Prüfungen grundsätzlich Pflicht. Ein gegen Tollwut geimpfter Hund kann keine Viren übertragen und muss daher, z.B. nach Kontakt mit tollwütigem Wild, nicht getötet werden, wie es für ungeimpfte Hunde gesetzlich vorgeschrieben ist.

Info | Impfkalender

Alter	Impfung gegen
8. Woche	Grundimmunisierung gegen Staupe, Hepatitis, Leptospirose, Parvovirose (SHL + P)
13. Woche	Wiederholungsimpfung gegen SHL + P; Erstimpfung gegen Tollwut
1 Jahr später	SHL + P, Tollwut
Jährlich wiederholen	Parvovirose, Leptospirose,
Je nach Impfstoff (alle 3 Jahre)	Tollwut
Alle 2 Jahre wiederholen	Hepatitis, Staupe

Impfreaktionen
Alle hier genannten Erkrankungen treten seuchenartig auf. Eine Impfung schadet dem Hund nicht, Nebenwirkungen sind ausgesprochen selten. Manche Hunde sind am Tag nach der Impfung etwas schlapp, in seltenen Fällen kann Durchfall oder leichtes Fieber auftreten. Diese Impfreaktionen sind aber in der Regel nach wenigen Stunden wieder abgeklungen.

Rundum gesund

Wurmlarven werden mit der Muttermilch auf die Welpen übertragen, weshalb eine Entwurmung beim Züchter sehr wichtig ist.

Entwurmen

Die zweite wichtige Vorbeugemaßnahme ist das regelmäßige Entwurmen des Hundes. Zu diesem Zweck gibt es auf dem Markt viele Präparate. Der Tierarzt wird hier sicher Empfehlungen aussprechen. Im Normalfall dürfte es ausreichend sein, einen erwachsenen Hund zweimal pro Jahr zu entwurmen. Die Hersteller der Wurmpräparate halten es allerdings für erforderlich, den Hund häufiger zu entwurmen. Es ist wichtig zu wissen, dass es verschiedene Wurmarten gibt, die den Hund „heimsuchen" können, z.B. Spul- und Hakenwürmer, Peitschenwürmer, Bandwürmer usw. Die beim Hund am häufigsten anzutreffende Wurmart ist der Spulwurm. Einige Präparate wirken nur bei bestimmten Wurmarten. Andere, sogenannte Breitbandmittel, sind wiederum bei allen Wurmarten wirksam.

> **Tipp | Wurmpaste**
>
> Nehmen Sie beim Welpen zunächst das Präparat, das auch vom Züchter verwendet wurde. Damit ist schon einmal sichergestellt, dass der Welpe das Mittel auch verträgt.

Entwurmung durch den Züchter

Der Welpe wurde bereits beim Züchter mehrfach entwurmt. In der Säugezeit ist das Infektionsrisiko mit Würmern sehr hoch, weil die Welpen bereits über die Muttermilch die Larven der Würmer aufnehmen können. Wurmlarven können sich in der Gesäugeleiste der Hündin sehr lange halten. Ihre Entwicklung wird erst dann wieder in Gang gesetzt, wenn das Gesäuge durch die Milchproduktion stark durchblutet wird. Da man mit der Entwurmung nur die bereits voll entwickelten Würmer, die sich im Verdauungstrakt des Hundes befinden, abtöten kann, unterbricht auch die regelmäßige Entwurmung der Mutterhündin den Infektionskreislauf der Welpen nicht. Der Züchter entwurmt die Welpen daher ab dem zehnten Lebenstag regelmäßig alle zehn bis vierzehn Tage, bis zur Abgabe.

Entwurmung durch den Halter

Die Entwurmung wiederholt der neue Halter dann in der zehnten oder elften Lebenswoche. Das hat auch den Vorteil, dass der Welpe zum Zeitpunkt der Wiederholungsimpfung mit zwölf Wochen wurmfrei ist. Bei einem verwurmten Hund kann die Impfung ohne Wirkung bleiben.

Kotuntersuchung

Am Tag nach der Verabreichung des Wurmmittels kontrolliert man jeden vom Hund abgesetzten Kot auf mit ausgeschiedene tote Würmer. Sie sind so groß, dass man sie mit bloßem Auge erkennen kann. Sind im Kot Würmer abgegangen, muss man die Entwurmung nach ca. zehn Tagen wiederholen, um auch die Würmer zu erwischen, die zum Zeitpunkt der ersten Entwurmung noch Larven waren.

Ist der Golden wurmfrei, reicht es aus, die nächste Entwurmung im Alter von ca. sechs Monaten vorzunehmen. Von diesem Zeitpunkt an wird er dann alle sechs Monate entwurmt. Einmal pro Jahr sollte man dabei ein sogenanntes Breitbandmittel verwenden, das gegen alle Wurmarten wirksam ist.

Sind Sie sich unsicher, können Sie beim Tierarzt auch eine Kotprobe untersuchen lassen. Hier kann man zuverlässig feststellen, ob der Hund Würmer hat und eine Entwurmung erforderlich ist. Gerade wenn kleine Kinder im Haus sind, ist die regelmäßige Entwurmung des Hundes besonders wichtig. Würmer können nämlich durch intensiven Körperkontakt übertragen werden.

Zecken, Flöhe und Co.

Zecken

Sie leben überall und können im Gras oder an Büschen und Bäumen auf ihre Opfer lauern. Wenn der Golden durchs Gras streift oder beim Spaziergang Büsche berührt, auf denen gerade eine Zecke sitzt, kann diese auf den Hund gelangen. Eine Weile lang läuft die Zecke über das Fell, um den besten Platz für das Anpieken und Blutsaugen zu finden. Bei hellen Hunden wie den Golden Retrievern hat man gute Chancen, die Zecken abzulesen, bevor sie sich in der Haut festgebissen haben. Suchen Sie Ihren Golden also nach dem Spaziergang nach Zecken ab. Am liebsten saugen sich die Zecken dort fest, wo es schön warm und die Haut des Hundes weich ist.

Wenn die Zecke sich in der Haut des Hundes festgebissen hat, spritzt sie zunächst eine Substanz ein, die ihr das Blutsaugen erleichtert. Mit speziellen Werkzeugen am Kopf hält sie sich in der Haut des Hundes fest. So kann eine Zecke über mehrere Tage in der Haut des Hundes stecken, bis sie so vollgesogen ist, dass sich der Umfang ihres Körpers bis auf die Größe einer Erbse vergrößert hat. Will man eine Zecke entfernen, ist es wichtig, sie herauszudrehen. Durch das Drehen veranlasst man das Tier loszulassen, und die Gefahr, dass ein Teil der Zecke in der Haut stecken bleibt, wird so verringert.

> **Tipp | Zecken**
> Gleichgültig ob man die Zecke mit einer Zeckenzange oder einem Zeckenhaken, die man in jedem Zoogeschäft kaufen kann, oder mit Daumen und Zeigefinger entfernt: Es ist wichtig, dass man sie im Ganzen herauszieht. Wenn Teile der Zecke in der Haut des Hundes stecken bleiben, kann sich die Stelle entzünden.

In hohen Wiesen lauern Zecken, die sich nach einiger Zeit in der Haut des Golden Retrievers festbeißen. Nach dem Spaziergang sollte man daher das Fell kontrollieren und die Zecken sofort entfernen.

Kein Erstickungstod für Zecken

Von der Methode, die Zecke vor dem Herausdrehen mit Öl oder Alkohol zu beträufeln, um sie zu ersticken, ist man inzwischen abgekommen. Die Zecke „spuckt" dann vor dem Ersticken ein Sekret, das viele Bakterien enthält. Das kann ebenfalls zu Entzündungen führen. Außerdem lässt sich eine tote Zecke keinesfalls leichter entfernen als eine lebendige.

Übermäßiger Juckreiz kann ein Anzeichen für einen Flohbefall sein. Flöhe können z.B. von Igeln auf den Hund übertragen werden.

Wenn man die Zecke nicht entfernt, fällt sie nach einiger Zeit, wenn sie vollgesogen ist, von selbst ab. Die Stelle, wo die Zecke gesessen hat, kann noch für einige Tage geschwollen bleiben, ähnlich wie bei einem Mückenstich. Das ist an sich nicht weiter schlimm. Trotzdem sollte man Zecken immer entfernen, da sie Krankheiten wie z.B. Borreliose übertragen. Inzwischen gibt es zwar einen Impfstoff, die Zahl der verschiedenen Erreger ist jedoch sehr hoch, sodass ein zuverlässiger Schutz auch durch die Impfung nicht gewährleistet ist.

Flöhe

Sie sind eine andere Spezies von „Untermietern", die den Hund befallen können. Auch sie saugen das Blut ihres Wirtes, dabei beißen sie sich aber nicht auf Dauer fest. Sie bleiben im Fell des Hundes sitzen, bohren ihn von Zeit zu Zeit an und legen ihre Eier im Fell ab. Flöhe sind klein, ihr Körper ist seitlich zusammengedrückt und sie können sehr weit springen.

Floh in Sicht

Ein Hund, der Flöhe hat, kratzt sich häufig. Im Bereich des Nackens sind kleine schwarze Kügelchen zu finden, die, wenn man sie mit einem angefeuchteten Finger über ein weißes Blatt Papier verreibt, rote Striche hinterlassen. Hierbei handelt es sich um Flohkot, der zum großen Teil aus Blut besteht. Wieder sind wir mit unseren hellen Hunden im Vorteil: Man sieht die Flöhe auch über das Fell laufen, zumeist am Kopf des Hundes.

Flohbekämpfung

Solange die Zahl der Flöhe, die man auf dem Hund findet, überschaubar ist, kann es ausreichen, sie abzulesen oder mit einem Flohkamm auszukämmen und zwischen den Fingernägeln zu zerquetschen. Manchmal hat der Hund tatsächlich nur einen oder zwei dieser kleinen Plagegeister erwischt. Ist es

> **Tipp | Begegnung mit Igeln**
>
> Häufig werden Hunde von Flöhen besiedelt, wenn sie Kontakt mit Igeln hatten. Igel tragen meist einen ganzen „Flohzirkus" mit sich umher, und wenn ein Hund auch nur im Abstand von zwei Metern an einem Igel vorbeiläuft, springen die Flöhe über.

Zecken, Flöhe und Co.

Zecken und Flöhe gehören zu den Ektoparasiten, die beim Hund am häufigsten anzutreffen sind. Zu drastische Vorbeugemaßnahmen können aber genauso schädlich sein, wie die mangelnde Sorgfalt bei der Pflege des Golden Retrievers.

allerdings bereits so weit gekommen, dass die Flöhe beginnen, auf ihrem Wirt Eier abzulegen, sind härtere Geschütze gefragt. Beim Tierarzt gibt es Pulver oder Badezusätze, die die Flöhe töten. Man kann dem Hund auch eine ebenfalls beim Tierarzt erhältliche Flüssigkeit zwischen die Schulterblätter träufeln. Der Wirkstoff wird über die Haut aufgenommen und verteilt sich über den Blutkreislauf im gesamten Körper. Wenn der Floh dann Blut saugt, stirbt er an den aufgenommenen Giftstoffen. Alle diese Präparate wirken natürlich nur, weil sie giftige Substanzen enthalten, und sind daher nicht ohne Nebenwirkungen. Alle aufgenommenen Gifte werden über die Leber und die Nieren ausgefiltert und belasten daher diese Organe.

Wenn nun aber der Hund tatsächlich von Flöhen befallen ist, muss man handeln. Dabei ist es besonders wichtig, auch die unmittelbare Umgebung des Hundes und ggf. andere im Haus lebende Tiere zu behandeln. Die Flöhe sitzen nämlich nicht nur auf dem Hund selbst, sondern z.B. auch auf der Decke, die er als Schlafplatz benutzt.

Vorbeugung

Vorbeugend kann man gegen Flöhe sicher etwas tun, die Verhältnismäßigkeit der Mittel sollte jedoch gewahrt bleiben. Es bringt nichts, mit Kanonen auf Flöhe zu schießen. Handelsübliche Flohhalsbänder belasten den Organismus des Hundes. Über die Schleimhäute der Nase und der Augen ist der Hund ständig den vom Halsband abgegebenen Giftstoffen ausgesetzt. Das Fell des Hundes hat einen merkwürdigen, fettigen Belag und der ganze Hund riecht ständig wie nach Mottenkugeln. Das ist nicht nur für den Hund sehr unangenehm. Man sollte also gründlich überlegen, ob man den Hund diesem Risiko aussetzt. Die Gefahr, von Flöhen heimgesucht zu werden, ist so groß nun auch wieder nicht, und man kann immer noch reagieren, wenn es tatsächlich so weit ist und der Hund Flöhe hat.

Tipp Flöhe und Würmer

Flöhe übertragen Bandwürmer. Nach einem Flohbefall muss daher immer eine Wurmkur durchgeführt werden.

Rundum gesund

Ein gut gepflegter und gesund ernährter Golden Retriever hat ein glänzendes, seidiges Fell und eine gesunde Haut. Er ist bewegungsfreudig, temperamentvoll, ausdauernd, fröhlich und vital. Ein gutes Immunsystem ist der beste Schutz vor Parasiten, eine gesunde Ernährung und angemessene Bewegung die beste Vorbeugungsmaßnahme gegen Erkrankungen.

Milben und Haarlinge

Neben Flöhen und Zecken kann ein Hund auch noch von anderen Parasiten befallen werden. Zu nennen sind hier noch Milben und Haarlinge. Wann immer ein Hund sich auffällig oft kratzt, wenn das Fell ausgeht und kahle Stellen zu finden sind, sollte man die Ursache dafür unbedingt durch einen Tierarzt klären lassen.

Ein gesunder Hund, mit einem intakten Immunsystem, kann jedoch gut mit diesen Parasiten fertig werden, ohne einen bleibenden Schaden davonzutragen. Oft werden Hunde auch erst dann von diesen kleinen Plagegeistern befallen, wenn vorher irgendetwas mit ihrem Immunsystem nicht in Ordnung war. Man kann dem Hund unter Umständen mehr Schaden zufügen, wenn man in panischer Angst vor Parasiten das ganze Hundeleben lang die „chemische Keule" zur Vorbeugung einsetzt. Jedes dieser Mittel ist ein Giftstoff, mit dem der Hundekörper sich auseinandersetzen muss. Das kann unter Umständen bleibende Organschäden und die Schwächung des gesamten Immunsystems zur Folge haben. Auch hier gilt also manchmal „weniger ist mehr", zumindest solange keine Symptome vorliegen.

Rassespezifische Erkrankungen

Der Golden Retriever ist an sich ein recht robuster Hund. Rassespezifische Krankheiten sind nicht in besonderer Häufigkeit anzutreffen. Wie viele andere Hunderassen auch, können jedoch auch Golden Retriever an bestimmten Krankheiten leiden, die zum Teil erbgebunden und zum Teil erworben sein können.

hier die ausschlaggebenden Faktoren darstellen. Man vermutet, dass beide Faktoren eine wesentliche Rolle spielen. Ein Hund, der keine genetische Disposition für HD mitbringt, wird wahrscheinlich auch bei schlechter Aufzucht und falscher Ernährung diese Krankheit nicht ausbilden. Fakt ist aber auch, dass der Grad dieser Erkrankung wesentlich durch die Faktoren Ernährung und Bewegung beeinflusst wird.

Hüftgelenksdysplasie (HD)

Die wohl bekannteste Erkrankung ist die Hüftgelenksdysplasie (HD). Sie tritt bei jeder Hunderasse mehr oder weniger häufig auf, deren Körpergröße die eines Cockerspaniels überschreitet. Die VDH-anerkannten Zuchtverbände versuchen durch ihre Zuchtbestimmungen, das Risiko für diese Erkrankung so weit wie möglich zu minimieren.

Bisher konnte wissenschaftlich noch nicht endgültig geklärt werden, ob die HD hauptsächlich aufgrund einer genetischen Disposition auftritt oder ob die Ernährung und körperliche Belastung des Welpen und Junghundes

Um den Grad dieser Erkrankung beim jeweiligen Hund definieren zu können, wurde durch wissenschaftliche Fachgremien eine international gültige Skala mit fünf Stufen entwickelt (siehe Info).

Info | Stufen der HD

Stufe	Befund	Zucht erlaubt?
HD-A (1, 2)	HD-frei	ja
HD-B (1, 2)	HD-Verdacht	ja
HD-C (1, 2)	HD-leicht	mit Auflagen
HD-D (1, 2)	HD-mittel	nein
HD-E (1, 2)	HD-schwer	nein

Diagnose

Die Diagnose der HD findet mittels einer Röntgenaufnahme, die unter Narkose angefertigt wird, statt. Der Hund muss zu diesem Zeitpunkt mindestens zwölf Monate alt sein. Die Aufnahme wird einem Gutachter vorgelegt, der für alle Golden Retriever in Deutschland die Auswertung und Einstufung entsprechend der Skala vornimmt. (Dies gilt für alle Golden Retriever, die in VDH-anerkannten Zuchtverbänden gezüchtet wurden.) Den Ausschlag für die Einstufung gibt dabei einmal die Form und Ausbildung der Hüftgelenkpfanne und des Oberschenkelkopfes, zum anderen wird betrachtet, ob der Gelenkspalt schön parallel ist und ob der Oberschenkelkopf genügend tief in der Gelenkpfanne sitzt. Dann wird noch der Winkel ausgemessen, der sich von der Mitte des Oberschenkelkopfes zum Rand der Gelenkpfanne ergibt. Evtl. schon sichtbare arthritische Veränderungen beeinflussen den Befund negativ.

Die Beurteilung wird sehr streng vorgenommen, kleinste Abweichungen vom Idealzustand schlagen sich bereits im Befund nieder. Das ist gut und sinnvoll, schließlich geht es hierbei um ein Zuchtzulassungskriterium.

Zulassung zur Zucht

Alle Hunde, die mit HD-D oder HD-E eingestuft wurden, sind generell von der weiteren Verwendung zur Zucht ausgeschlossen. Hunde, deren HD-Befund HD-C ergibt, können nur mit der Auflage zur Zucht verwendet werden, mit einem mit HD-A oder HD-B eingestuften Hund verpaart zu werden. Die Unterteilung der Stufen jeweils in HD-A1, HD-A2, HD-B1, HD-B2 usw. stellt hierbei eine nochmalige Untergliederung dar. So hat ein Hund mit HD-A1 die bessere Hüfte als der mit HD-A2. Auch wenn die Abweichung nur minimal ist.

Der Sinn dieser Bestimmung liegt darin, dass man vermutet, dass ein Hund mit einer schlechten Hüfte auch vermehrt Nachkommen mit schlechten Hüften hat. Für den Hund selbst bedeutet z.B. der Befund HD-C zunächst nichts Schlimmes. Man kann sicher sein, dass ein Hund mit einer C-Hüfte in seinem Leben keine Probleme haben wird. Selbst der Befund HD-E muss nicht heißen, dass der Hund irgendwann einmal nicht mehr beschwerdefrei laufen kann oder gar eingeschläfert werden muss. Für einen Hund mit einer E-Hüfte ist es allerdings wichtig, dass er vernünftig, also nicht im Übermaß, bewegt und ernährt wird.

Betrachtung des gesamten Wurfes

Was nun die züchterische Komponente betrifft, kann man nicht generell sagen, dass ein Hund mit einer C-Hüfte mehr Nachkommen mit schlechten Hüften hat als einer, der HD-frei ist. Nicht immer, wenn zwei Hunde mit dem Befund HD-A verpaart werden, werden nur HD-freie Nachkommen geboren. Wenn die Sache so einfach wäre, hätte sicher keine Rasse bzw. kein Zuchtverband Probleme mit dieser Erkrankung.

> **Tipp | HD-frei**
>
> Viele Zuchtverbände anderer Rassen haben die Unterteilung in fünf HD-Grade nicht. Hier gibt es nur HD-frei oder HD-nicht-frei. Die Grenze wird dann hinter der leichten HD gezogen, sodass hier ein Hund, der im Deutschen oder Golden Retriever Club mit HD-C eingestuft wird, in anderen Zuchtvereinen noch als HD-frei bezeichnet wird.

Rassespezifische Erkrankungen

Es ist daher sehr wichtig, nicht nur die Elterntiere eines Welpen selbst, sondern auch deren verwandtschaftliches Umfeld genauer zu betrachten, um Aussagen über das Risiko der HD-Vererbung treffen zu können. So hat beispielsweise ein Hund, der als Einziger von fünf Geschwistern HD-frei ist, während alle anderen eine mittlere oder schwere HD haben, eine schlechtere Prognose für die Vererbung von HD als ein anderer, der als Einziger von fünf Geschwistern eine C-Hüfte hat, während alle anderen aus dem Wurf HD-frei sind.

Je mehr Nachkommen eines Hundes auf HD untersucht sind, desto genauer ist die Vorhersage für ein mögliches genetisches Risiko für die Vererbung von HD. Aus diesem Grund wird ein verantwortungsbewusster Züchter auch seine Welpenkäufer darauf drängen, ihren Hund untersuchen zu lassen, auch wenn mit diesem Hund nicht gezüchtet werden soll. Nur so kann er eine Aussage darüber treffen, ob es Sinn macht, mit der Hündin weiterzuzüchten oder den Rüden weiter zur Zucht einzusetzen.

Konstellationen

Natürlich ist nicht nur ein Elternteil für die Vererbung von Krankheiten verantwortlich. Es gehören immer beide dazu. So kann es sein, dass eine Hündin mit einem ganz bestimmten Rüden viele Welpen mit schlechten Hüften hatte, während sie mit einem anderen Rüden kerngesunde Nachkommen zur Welt gebracht hat. Selbstverständlich kann auch nicht ein Rüde allein für das Auftreten von HD verantwortlich gemacht werden. Es ist also nicht leicht, Aussagen über das Risiko für HD-Vererbung zu machen. Wie so oft, ist man immer erst dann schlauer, wenn man die Ergebnisse tatsächlich vorliegen hat. Das trifft selbstverständlich auch für alle anderen vererbten Eigenschaften eines Hundes zu.

Belastungsfreie Bewegung wie zum Beispiel Schwimmen, macht dem Golden nicht nur Spaß, sondern unterstützt auch seine gesunde Entwicklung.

> **Tipp | Bewegung in Maßen**
>
> Es ist sehr wichtig, einen jungen Hund nicht täglich mehrere Kilometer laufen zu lassen. Der Knochenbau ist erst im Alter von ca. 15 Monaten voll entwickelt. Beim Spiel mit anderen Hunden sollten Sie genau darauf achten, dass der Spielpartner die gleiche Gewichtsklasse hat. Junge Hunde überfordern sich, wenn man sie nicht bremst. Lässt man sie toben, solange sie wollen, werden sie sich sicher zu viel zumuten.

Ein ausgelassenes Spiel im Schnee – nicht nur für Golden Retriever ein Vergnügen.

Ernährung und Bewegung

Auch die Ernährung des jungen Hundes und die Intensität der Bewegung spielen für die Ausprägung von HD eine wesentliche Rolle. Das Knochengerüst des Golden Retrievers ist erst im Alter von zwölf bis fünfzehn Monaten voll entwickelt. Bis zu dieser Zeit wächst der Hund sehr schnell. Die Hauptwachstumsphase liegt zwischen dem fünften und siebten Lebensmonat. Das Längenwachstum des Knochens ist nur dadurch möglich, dass der Knochen sogenannte Wachstumsfugen hat. Diese Bereiche des Knochens sind noch so lange sehr weich, bis das Knochenwachstum endgültig abgeschlossen ist. Nach und nach schließen sich diese Wachstumsfugen, der Knochen härtet aus. Während der Wachstumsphase sind also die Knochen und Gelenke des Hundes sehr empfindlich. Größere Belastungen sind schädlich, daher sollte ein junger Hund nicht so viel bewegt werden. Nicht nur Treppensteigen und Springen belasten die Gelenke, sondern auch ausgedehnte Spaziergänge und intensives Toben mit anderen Hunden.

Mehr stehen als gehen

Lange Spaziergänge sind für einen jungen Hund ebenfalls eher schädlich. Der Golden wird Ihnen zwar auch über längere Strecken bereitwillig folgen, das liegt aber daran, dass er bemüht ist, den Kontakt zu seinem Rudel zu halten. Mit einem Hund, der jünger ist als vier Monate, gehen Sie am besten überhaupt nicht spazieren. Es reicht völlig aus, wenn Sie in der ersten Zeit hin und wieder zu einer Wiese fahren, wo Ihr Golden spielen und rennen kann. Bleiben Sie an einer Stelle stehen, an der Ihr Golden sich ausruhen kann, wenn er müde ist. Selbstverständlich sollte sich der junge Retriever so viel bewegen dürfen, wie er möchte. Er sollte aber nicht bewegt werden.

Lernt der Golden dann mit etwa vier Monaten, an der Leine zu gehen, können Sie langsam beginnen, ihn auch auf kleinere Ausflüge mitzunehmen. Aber auch jetzt sollten Sie es nicht übertreiben. Zehn bis fünfzehn Minuten sind genug, der Hund rennt ohnehin die dreifache Strecke. In diesen zehn bis fünfzehn Minuten sollten Sie nicht strammen Schrittes wandern, sondern eher gemächlich schlendern. Es geht nicht darum, Kilometer zurückzulegen, sondern nur darum, den Hund mit verschiedenen Umwelteindrücken bekannt zu machen.

Bildung von Arthrosen

Erst im Alter von einem Jahr können Sie Ihrem Golden längere Spaziergänge zumuten oder ihn am Rad laufen lassen. Sind die Gelenke des Hundes gesund, können Sie ihn dann auch körperlich belasten. Solange Sie die Hüften jedoch noch nicht röntgen lassen haben und noch kein Ergebnis vorliegt, sollten Sie ihn so behandeln, als bestünde hier ein Problem. Durch zu große Belastung könnte der Befund verschlimmert werden. Die Bildung von Arthrosen, die dem Hund dann später Schmerzen und Bewegungseinschränkungen verursachen können, geht meist mit Entzündungen im Gelenk einher. Arthrosebildung ist eine Schutzreaktion des Körpers. Durch die Auflagerung von Gewebe auf dem Gelenk wird die Beweglichkeit des Gelenks eingeschränkt. Das Gelenk wird dadurch gewissermaßen stabilisiert. Heilt die Entzündung schneller ab oder tritt gar nicht erst auf, wird natürlich auch die Bildung von Arthrosen gehemmt. Für die Gesunderhaltung des Hundes ist es demnach extrem wichtig, das Entstehen von Entzündungen durch zu viel Bewegung zu vermeiden und so die Bildung von Arthrosen zu verhindern. Das gilt für Spaziergänge genauso wie für Springen, Treppensteigen und Toben mit anderen Hunden.

Zeit zum Wachsen

Es ist nicht notwendig, alle Aktivitäten mit dem Hund in das erste Lebensjahr zu packen. Man hat noch die nächsten zehn bis fünfzehn Jahre genügend Zeit für Wanderungen. Auch wenn es sehr verlockend zu sein scheint, nach einem ausgiebigen Spaziergang einen müden kleinen Golden zu haben – unter dem Strich tut man der Gesundheit des Hundes nichts Gutes.

Nicht nur ein vernünftiges Maß an Bewegung, sondern auch eine angepasste Ernährung wirken sich positiv auf die körperliche Entwicklung eines Hundes aus. Zunächst gilt es zu verhindern, dass der Hund zu schnell wächst. Ein Golden Retriever ist ein relativ kompakter Hund. Viel Gewicht lastet auf den Knochen und Gelenken. In der Regel wird ein Welpe nicht fett, er wächst nur zu schnell. Es ist aber wichtig, den Knochen genügend Zeit zur Entwicklung zu lassen. Man sollte also ein Futter verwenden, das einen möglichst geringen Proteingehalt hat. 20 bis 25 % sind voll ausreichend, um einen heranwachsenden Golden Retriever gut zu ernähren. Zusatzpräparate wie Kalzium u.Ä. sind nicht notwendig, wenn der Hund ausgewogen ernährt wird. Die handelsüblichen Futtersorten enthalten alle wichtigen Bestandteile in ausreichendem Maße. Bei zu viel Kalziumzufuhr härtet der Knochen zu schnell aus, das kann die Entwicklung des Gelenkes ebenfalls negativ beeinflussen.

Golden Welpen dürfen sich bewegen, sollten aber nicht bewegt werden. Ausgedehnte Spaziergänge mit einem Welpen belasten die Gelenke und dürfen deshalb erst unternommen werden, wenn das Knochenwachstum abgeschlossen ist.

Ellenbogendysplasie (ED)

Problematischer als HD ist die Fehlentwicklung des Ellenbogengelenkes. Zusammengefasst werden die möglichen Krankheitsbilder unter dem Begriff Ellenbogendysplasie (ED). Auch die Einstufung der ED-Grade erfolgt nach einem fünfstufigen System (siehe Info-Kasten).

Hunde mit der Bewertung ED-Grad II und III sind von der Zucht ausgeschlossen. Hunde mit ED-Grad I werden nur mit der Auflage zur Zucht zugelassen, lediglich mit einem Partner verpaart zu werden, der ED-frei oder ED-Grenzfall hat.

Ursachen der ED

Genau wie bei der HD geht man heute davon aus, dass sowohl die genetische Veranlagung als auch zu große körperliche Belastung und falsche Ernährung für den Grad der Ausprägung von ED verantwortlich sind.

Problematischer ist die ED deshalb, weil sie für den Hund wesentlich schmerzhafter ist als HD. Außerdem haben Hunde, die mit ED belastet sind, in der Regel bereits im jugendlichen Alter Probleme mit dieser Erkrankung. In diesem Alter ist der Bewegungsdrang des Hundes von Natur aus größer. Es fällt also schwerer, ihn ruhig und belastungsfrei zu halten. Bei der HD – mit Ausnahme der besonders schweren Fälle – treten Schmerzen und Bewegungseinschränkungen meist erst im Alter auf, wenn der Golden ohnehin nicht mehr so mobil ist.

Symptome

In vielen Fällen beginnt ein mit ED belasteter Hund etwa ab dem fünften Lebensmonat zu humpeln. Diese Phasen sind oftmals recht lang. Oft sind alle Symptome plötzlich verschwunden,

Info	Die Stufen der ED
Stufe	**Zucht erlaubt?**
ED-frei oder normal	ja
ED-Grenzfall	ja
ED-Grad I	nur mit ED-frei oder Grenzfall
ED-Grad II	nein
ED-Grad III	nein

wenn das Knochenwachstum abgeschlossen ist. Das Humpeln äußert sich charakteristisch, wenn ED die Ursache ist. Nach Belastung, also nach einem Spaziergang oder nach dem Toben mit anderen Hunden, ruht der Hund. Nachdem er ausgeschlafen hat, lahmt er vorn bei den ersten Schritten meist sehr stark. Nach ein paar Metern wird das Humpeln besser, der Hund „läuft sich ein". Wenn er durch einen weiteren Spaziergang oder das Spiel mit anderen Hunden abgelenkt wird, humpelt er meist nicht mehr. Nach der nächsten Ruhepause geht es dann wieder los.

Meist sind für den Schmerz Entzündungen der Knochenhaut im Gelenk verantwortlich. Sie können dazu führen, dass sich Arthrosen bilden und dadurch das Gelenk mehr und mehr versteift. Durch viel Bewegung wird die Entstehung von Entzündungen gefördert. Das Mittel der Wahl ist also, den Hund zu schonen.

Auch hier: Bewegung in Maßen

Gerade im Alter von fünf bis sieben Monaten, in dem das Knochenwachstum am größten ist, ist der Hund besonders gefährdet. In diesem Stadium hat man häufig das Gefühl, bereits einen großen Hund zu haben, und neigt daher leicht dazu, ihn zu überlasten. Selbstverständlich ist häufiges Trep-

Rassespezifische Erkrankungen

Lassen Sie Ihrem Golden Zeit, bis er zu einem prächtigen Hund herangewachsen ist. Dann können Sie alle Dinge unternehmen, die Ihnen beiden Spaß machen. Oder auch einmal nur ganz faul in der Sonne liegen.

pensteigen und Springen genauso schädlich. Gerade treppab oder beim Hinabspringen lastet das gesamte Gewicht auf dem Ellenbogengelenk. Dazu kommt noch der Schub, der aus dem Sprung heraus entsteht. Ein weiteres Problem besteht darin, dass Elle und Speiche unterschiedlich schnell wachsen. So kann es passieren, dass die Auflagefläche für den Oberarmknochen nur auf wenige Quadratmillimeter begrenzt ist. Dass in dieser Phase das Ellenbogengelenk besonders empfindlich ist, versteht sich von selbst.

Der Retriever-Halter hat also die verantwortungsvolle Aufgabe, abzuwägen und zu entscheiden, welches Maß an Bewegung dem Hund zugemutet werden kann.

Spätentwickler

Ist der Hund dann erwachsen, kann er auch größere Belastungen verkraften. Voraussetzung dafür ist allerdings, dass er im Junghundealter keinen Gelenkschaden entwickelt hat. Einmal entstandene Arthrosen werden sich nicht zurückbilden und schränken den Hund lebenslang in seiner Beweglichkeit ein.

Lassen wir unseren Golden Retrievern doch einfach ein wenig mehr Zeit, erwachsen zu werden. Es ist nicht erforderlich, dass der Hund bereits mit zwölf Monaten sein endgültiges Gewicht erreicht hat. Retriever sind Spätentwickler und erst mit drei Jahren körperlich wirklich ausgereift.

> **Tipp Das richtige Maß**
>
> Selbstverständlich soll man einen jungen Hund nicht unter eine Glasglocke packen. Sozialkontakt mit Gleichaltrigen und viele verschiedene Eindrücke sind für die Prägung des Junghundes unerlässlich. Das richtige Maß kann nur mit gesundem Menschenverstand gefunden werden. Spätestens wenn der Hund zu humpeln beginnt, war die Belastung zu groß.

Augenerkrankungen

Hereditärer Cataract (HC)

Diese Erkrankung ist vergleichbar mit dem „grauen Star" beim Menschen. Sie äußert sich in einer Linsentrübung, die u.U. zur Erblindung des Hundes führen kann. Allerdings wird längst nicht jeder Hund, dessen HC-Befund positiv ist, tatsächlich blind. Die Erkrankung kommt häufig zum Stillstand, sodass die Linse nicht vollständig trüb wird. Meist sieht man die Linsentrübung nicht mit bloßem Auge. Speziell zugelassene Gutachter führen die Untersuchungen mit Spezialgeräten durch.

Progressive Retina Atrophie (PRA)

Bei dieser Erkrankung, die auch als fortschreitender Netzhautschwund bezeichnet wird, löst sich die Netzhaut gewissermaßen auf. Hunde, die an PRA erkrankt sind, erblinden fast immer.

Retina Dysplasie (RD)

Auch dies ist eine erbliche Augenerkrankung, die beim Golden Retriever auftreten kann. Bei dieser Erkrankung löst sich die Netzhaut ab. Das Sehvermögen des Hundes wird dadurch negativ beeinflusst.

Ausschluss aus der Zucht

Das Auftreten all dieser Augenerkrankungen schließt den Hund von der weiteren Zucht aus (Zuchtausschluss im DRC und GRC). Da diese Erkrankungen auch später noch auftreten können, auch wenn der Hund zunächst keine Anzeichen zeigte, muss die Augenuntersuchung alle zwölf Monate wiederholt werden. Selbst ein „zweifelhafter" Befund führt zum Zuchtausschluss. Bei der PRA werden sogar die Elterntiere des betroffenen Hundes aus der Zucht genommen, da nachgewiesen ist, dass diese Erkrankung rezessiv vererbt wird. Beide Elterntiere müssen also das entsprechende Gen tragen, damit die Erkrankung auftreten kann.

Glücklicherweise ist die Zahl der Hunde, bei denen eine der hier beschriebenen Erkrankungen auftritt, nicht sehr hoch. Das liegt sicher nicht zuletzt an der konsequenten Zuchtauslese, die in Bezug auf diese Merkmale betrieben wird. Auch das sollte für jeden Welpeninteressenten aus eigenem Interesse und im Sinne der Rasse ein ausschlaggebender Grund dafür sein, einen Welpen ausschließlich bei einem VDH-anerkannten Verein zu kaufen.

Das Auftreten von HD, ED oder erblicher Augenerkrankungen schließt den Golden von der Verwendung zur Zucht aus. Diese Vorschriften der VDH-anerkannten Zuchtvereine dienen der Gesunderhaltung der gesamten Rasse und der zukünftigen Zucht gesunder Retriever.

Erste Hilfe bei kleinen Verletzungen

Schnelle Hilfe bei Schnittwunden
Kleine Schnittwunden, z. B. durch Glasscherben, sind relativ häufig. Es kann erforderlich sein, einen Druckverband anzulegen. Reinigen Sie die Wunde in jedem Fall mit einem Desinfektionsmittel und gehen Sie mit Ihrem Golden zu einem Tierarzt, um feststellen zu lassen, ob sich noch ein Fremdkörper in der Wunde befindet.

Anlegen eines Verbandes
> Entfernen Sie die Haare um den Wundrand mit einer Schere. Dann reinigen Sie die Wunde mit einem Desinfektionsmittel vorsichtig.
> Decken Sie die Wunde mit einem sauberen Taschentuch oder Stoff ab und polstern Sie danach den gesamten Bereich gut mit Watte ab. Bei Pfotenverbänden müssen auch die Zehenzwischenräume mit Watte gepolstert werden.
> Umwickeln Sie nun den mit Watte abgedeckten Bereich mit einer Mullbinde. Bei elastischen Binden bitte nur mit mäßigem Zug anlegen. Der Verband darf nicht zu straff werden.
> Zum Schluss wird der Verband mit einem Klebeband gut befestigt.

Erste-Hilfe-Kurse
Besuchen Sie einen Erste-Hilfe-Kurs, der inzwischen von vielen Tierärzten, dem Deutschen Roten Kreuz oder den ASB angeboten wird. Informieren Sie sich bei Ihrem Züchter, Tierarzt oder Verein über Angebote und Termine.

Erziehung leicht gemacht

Golden Retriever gelten allgemein als leicht erziehbar und sehr lernwillig. Doch auch sie bekommen ihr gutes Benehmen nicht in die Wurfkiste gelegt. Ein Golden ist ein mittelgroßer Hund, der bis zu 40 kg schwer werden kann.
Um einen angenehmen Begleiter zu bekommen, sollten Sie früh mit der Erziehung beginnen. Sie werden sehen, wie viel Freude die gemeinsame Arbeit macht und wie gern Ihr vierbeiniger Partner zusammen mit Ihnen lernt.

Konsequenz von Anfang an

Für die gesamte Erziehung des Golden Retrievers gibt es nur eine einzige Regel, man könnte auch sagen, ein Zauberwort. Dieses heißt: Konsequenz!

Nur mit Konsequenz kann man einem Golden Retriever die Grundbegriffe von dem, was man mit „Anstand" bezeichnen könnte, vermitteln. Aber auch die hohe Schule der rassespezifischen Ausbildung ist nur mit Konsequenz zu erreichen. Gleichgültig, ob Sie einen Golden Retriever „nur" zu einem angenehmen Familienhund oder zu einem Meister seines Faches erziehen möchten, Sie müssen bei der Ausbildung dem sensiblen Charakter dieses Hundes Rechnung tragen.

Die artgerechte Ausbildung und Erziehung ist für ein entspanntes Zusammenleben sehr wichtig.

Stellung in der Familie

Jeder Hund hat die Eigenschaft, als Mitglied eines Rudels zu fungieren. Das bedeutet, dass er zunächst seinen Platz in der Rangordnung finden muss. Nur ein konsequenter und geradliniger Hundehalter wird dem Golden Retriever die Stellung im Rudel vermitteln können und als Rudelführer von ihm akzeptiert werden.

Geht man in der Ausbildung zu streng mit dem Golden um, wird man einen Hund haben, der irgendwann nur noch unsicher neben seinem Menschen „herschleicht". Ist man nicht konsequent genug, wird er nie begreifen, was man von ihm erwartet, er wird seine Lücke suchen und sich wie ein egozentrischer Anarchist verhalten. Nicht zuletzt die Achtung vor dem Hund als Individuum erfordert konsequentes Verhalten. Ein Hund darf niemals zum Spielball der eigenen Launen oder zum Spielzeug für Erwachsene oder Kinder degradiert werden.

Aufbau von Vertrauen
Im Rudel wird nur derjenige als Rudelführer bestehen können, dessen Reaktionen klar und eindeutig sind. Bei diesem stärksten Rudelmitglied findet der Hund nicht nur Autorität, sondern auch Schutz und Sicherheit. Der Golden Retriever schließt sich demjenigen Familienmitglied am engsten an, das konsequent und eindeutig in seiner Ausdrucksweise ist, weil er hier stets weiß, woran er ist. Ein launischer Mensch, der heute dies und morgen das tut, ist dem Hund suspekt.

> **Tipp | Keine Diskussionen**
> Mit einem Hund kann man sich nicht argumentativ auseinandersetzen. Selbst wenn man hin und wieder glauben könnte, dass er jedes Wort versteht, stimmt das natürlich nicht. Er hat lediglich gelernt, immer gleiche Verhaltensweisen und die Körpersprache des Menschen, mit dem er lebt, bestimmten Handlungen zuzuordnen. Genauso wird er lernen, dass auf bestimmte Signale hin bestimmte Verhaltensweisen von ihm erwartet werden.

Qualität vor Quantität
Ein Hund lernt vom ersten bis zum letzten Tag seines Lebens. Sicherlich sind im fortgeschrittenen Alter Erziehungs- oder gar Umerziehungsmaßnahmen immer weniger schnell wirksam. Das liegt aber nicht daran, dass der Hund nicht mehr in der Lage wäre dazuzulernen, sondern vielmehr daran, dass durch bereits verinnerlichte Erfahrungen bestimmte Verhaltensweisen fest verankert sind. Aus diesem Grund ist es besonders beim jungen Hund wichtig, darauf zu achten, was er lernt. Er kann nämlich sowohl nützliche als auch weniger nützliche Dinge lernen. Da macht es doch in jedem Fall Sinn, die geistige Kapazität des Hundes für Dinge zu beanspruchen, die das gemeinsame Leben bequemer machen als zuzulassen, dass sein Gehirn mit allerlei Unsinn vollgestopft wird, was später als lästige Angewohnheit erduldet werden muss.

Erziehung im Alltag
Erziehung bedeutet nicht nur Training auf bestimmte Übungen hin, wie z.B. SITZ oder PLATZ. Erziehung beginnt im Alltag, und der alltägliche Umgang mit dem Hund festigt das Verhältnis und die Bindung zwischen Hund und Mensch. Nur wenn im Alltag das Verhältnis und damit die Rangordnung klar geregelt werden, kann die Ausbildung erfolgreich sein. Die Teilnahme an Ausbildungskursen auf dem Hundeplatz ist sicher eine sinnvolle Ergänzung zur Erziehung und kann wichtige Anregungen und Hilfen geben. Es reicht aber nicht aus, nur jede Woche auf dem Trainingsgelände Dinge einzustudieren, wenn man im Alltag die ganze Woche über das Erlernte nicht vertieft und in jeder Situation auf der Befolgung der Signale besteht.

Gezielt geplante Trainingseinheiten, konsequentes Verhalten im Alltag, viel Lob und wenig Tadel zur richtigen Zeit führen schnell zum Erfolg.

Lob und Tadel

Zunächst müssen Sie sich selbst darüber klar werden, welche Erziehung Ihr Golden erhalten soll. Auch innerhalb Ihrer Familie muss klar geregelt sein, was der Hund darf und was nicht. Diese Dinge diskutiert man am besten bereits vor der Anschaffung des Hundes. Nur wenn alle am gleichen Strang ziehen, werden Erziehungsmaßnahmen den gewünschten Erfolg bringen.

Der richtige Zeitpunkt

Der Hund ist ein „Emotionalist": Wenn seine Verhaltensweisen positive Erlebnisse nach sich ziehen, wird er dieses Verhalten immer wieder zeigen. Macht er schlechte Erfahrungen, wird er die Dinge, die zu diesen schlechten Erfahrungen geführt haben, künftig unterlassen. Das bedeutet im Umkehrschluss, dass man dem Hund die Dinge, die man von ihm erwartet, so positiv wie möglich nahebringen sollte.

Für erwünschtes Verhalten muss der Hund also immer ausgiebig gelobt bzw. belohnt werden. Zeigt er dagegen ein unerwünschtes Verhalten, muss dies für den Hund unangenehme Konsequenzen haben. Dabei ist es ausgesprochen wichtig, dass die jeweilige Reaktion sofort und auf der Stelle erfolgt! Der Hund kann Lob und Tadel nur dann einer Situation oder einem Verhalten zuordnen, wenn man unverzüglich reagiert. Liegt das Fehlverhalten bereits länger zurück, wird der Hund aus einer unangenehmen Reaktion keinen Rückschluss ziehen können. Kommt man z.B. vom Einkaufen zurück und der Hund hat während der Abwesenheit seines Besitzers den Teppich zerlegt, bringt es gar nichts, ihn dafür zu strafen, auch dann nicht, wenn man der Überzeugung ist, dass der Hund weiß, worum es geht. Nur wenn man ihn direkt dabei erwischt, kann man ihm vermitteln, dass dieses Verhalten nicht geduldet wird.

Schon im Welpenalter vermittelt die Mutterhündin dem Welpen auf spielerische Weise, welches Verhalten erwünscht ist und welches nicht. Bereits jetzt lernt der Welpe, sich anderen Rudelmitgliedern unterzuordnen.

Unterschiedliche Charaktere

Lob und Tadel sind in der Erziehung des Hundes ausgesprochen wichtige Instrumente. Die Dosierung dieser Maßnahmen hängt zum einen von der Wichtigkeit des gewünschten Ergebnisses ab, zum anderen aber auch von den Charaktereigenschaften des Hundes selbst. Zunächst muss man beachten, dass ein Golden Retriever ein sensibler Hund ist. Brutalität in der Erziehung ist total fehl am Platz. Ein Hundehalter, der seinen Hund nur mit Brutalität unterjocht, hat auf der ganzen Linie versagt. Sogenannte Dressurhilfsmittel wie z.B. Teletakt oder Stachelhalsband sind ebenfalls eine Bankrotterklärung an die Fähigkeiten des Hundeausbilders, und ihr Einsatz grenzt an Tierquälerei. Der Einsatz eines Teletaktgerätes ist mittlerweile auch aus tierschutzrechtlichen Gründen verboten.

Erziehung auf Hundeart

Wie man nun dem Golden Retriever vermittelt, ob man mehr oder weniger erfreut ist von dem, was er tut, schaut man sich am besten von den Hunden selbst ab. Die Sprache, in der sich Hunde untereinander verständigen, wird von ihnen auch am besten verstanden. Möchte man einem Hund etwas vermitteln, muss man selbst ein wenig zum Hund werden, um sich verständlich zu machen.

Unterschiedliche Laute

Beobachtet man eine Hundemutter mit ihren Welpen, wird man schnell feststellen, dass sie ihre Welpen schon sehr früh erzieht. Die Hündin bedient sich dazu zunächst ihrer Stimme. Hohe, piepsende Laute werden eingesetzt, um die Welpen zu locken, oder ihnen zu signalisieren, dass alles in Ordnung ist. Die Mutter beruhigt auch ihre Welpen und vermittelt Geborgenheit, indem sie ihnen die Bäuche leckt oder sie putzt.

Tiefe, knurrende Laute vermitteln den Welpen, sich vorsichtig zu verhalten, bestimmte Verhaltensweisen zu unterlassen oder Abstand von der Mutter zu halten. Hin und wieder lässt sie die Welpen auch ihre Zähne spüren (selbstverständlich ohne diese dabei zu verletzen).

Über-den-Fang-Greifen

Eine weitere Möglichkeit, dem Welpen klarzumachen, dass er in der Rangfolge unter dem erwachsenen Hund steht, ist das „Über-den-Fang-Greifen". Teilweise im Spiel nimmt z.B. die Mutterhündin die Schnauze des Welpen in ihr Maul. Ein wenig sieht das so aus, als wollte sie ihm die Nase abkauen. Sie greift dabei

Erziehung auf Hundeart

von oben her über das Maul des Welpen und hält seine Schnauze einen Moment lang im Fang. Das Spiel des Welpen wird daraufhin ruhiger, er ordnet sich dem älteren Hund unter.

Gezielte Provokation

Mit zunehmendem Alter der Welpen werden ganz gezielte Erziehungsmaßnahmen eingeleitet. Oft beteiligen sich an der Erziehung der Welpen auch andere im Haus lebende Hunde. Häufig beschäftigen sich die erwachsenen Hunde ganz provokativ z.B. mit einem Spielzeug. Die Welpen werden dadurch angelockt und dazu verleitet, das Spielzeug auch haben zu wollen.

Nähert sich der Welpe, wird er massiv angeknurrt – so lange, bis er sich zunächst wieder entfernt und in gebührendem Abstand sitzen bleibt. Natürlich wird der Welpe es nicht bei diesem einmaligen Versuch belassen. Weitere Versuche, das Spielzeug an sich zu bringen, werden vom erwachsenen Hund mit Knurren oder manchmal, wenn der Welpe zu dreist wird, auch mit einem Schnappen quittiert.

Prägende Erfahrung

Es hängt vom Temperament des Welpen ab, wie heftig die Reaktion des älteren Hundes ausfällt und wie oft dieses Spiel wiederholt werden muss. In jedem Fall wird der erwachsene Hund dem Welpen das Spielzeug nicht überlassen. Erst wenn der Welpe wirklich kein Interesse mehr daran zeigt, wendet sich der ältere Hund ab und lässt das Spielzeug liegen. In keinem Fall bekommt der Welpe seinen Willen, der ältere Hund ist nicht empfänglich für Gefühle wie „Guck doch mal, wie niedlich der Kleine ist" oder wie „Gib doch dem Kleinen sein Spielzeug, es ist doch gemein, ihn so zappeln zu lassen". Auf diese Art und Weise lernt der Welpe, dass es keinen anderen Ausgang des Spiels gibt, gleichgültig, was er tut. Solange der erwachsene Hund das Spielzeug hat, ist es für den Welpen tabu. Erst wenn das Interesse des erwachsenen Hundes erloschen ist, wobei er den Zeitpunkt genau bestimmt, kann der Welpe das Spielzeug haben. Der Welpe lernt auf diese Weise, sich dem erwachsenen Hund unterzuordnen.

> **Tipp | Hundesprache**
>
> Der Hund ist zwar sehr intelligent, die Fähigkeit, „Fremdsprachen" zu erlernen, besitzt er jedoch nicht. Wir müssen also, wenn wir mit einem Hund kommunizieren wollen, die Sprache der Hunde benutzen. Dann steht einer störungsfreien Kommunikation nichts mehr im Weg.

Die Kommunikation der Hunde untereinander erfolgt durch eindeutige Gesten. Das Mittel der verbalen Auseinandersetzung steht ihnen nicht zur Verfügung.

Dominanz

Der Hund kann auch Dominanz zeigen, indem er sich über den anderen Hund stellt und ihn für eine Weile nicht mehr aufstehen lässt. Der Hund, der unten liegt, wird sich unterwerfen und ganz still liegen bleiben. Er gibt dem Überlegenen dadurch zu verstehen, dass er seine übergeordnete Stellung akzeptiert, und steht erst dann wieder auf, wenn der andere Hund es ihm erlaubt und weggeht. Es gibt sicher noch viele andere Beispiele für Dominanzverhalten unter Hunden.

Beobachten Sie einmal spielende Hunde, Sie werden sicher vieles dabei lernen können. Hunde brüllen sich nicht an, sie sind einander auch nicht stundenlang böse. Nach einer Auseinandersetzung spielen sie wieder miteinander, zumindest wenn sie noch jung sind.

Rangordnung

Kommt der kleine tapsige Welpe in Ihre Familie, ist es meist schwer, ihm nicht jeden Wunsch von den dunklen Augen abzulesen. Doch Hunde fühlen sich nur sicher und fassen Vertrauen, wenn sie bestimmte Regeln gelernt haben, auf die sie sich immer verlassen können. Deshalb müssen Sie ihm vom ersten Tag an klar machen, was Sie möchten und was nicht. Es versteht sich von selbst, dass das nicht dadurch erreicht wird, dass Sie den Hund ständig reglementieren oder gar anbrüllen. In erster Linie sind Sie für Ihren Golden Spielpartner und ein freundlicher Rudelgenosse, dem er gerne folgt.

Ein Welpe sollte sich unbefangen entwickeln und nicht dem übergroßen Ehrgeiz seines Besitzers zum Opfer fallen. Leider können Sie sich aber auch nicht darauf verlassen, dass er bestimmte Dinge irgendwann schon von selbst lernt.

> **Info | Dominanz**
>
> Den dominanten Hund gibt es nicht. Kein Hund ist aus sich heraus dominant. Dominanz bzw. Subdominanz wird immer nur in einer Zweierbeziehung gezeigt. Ein Hund kann auch nur das Leittier sein, wenn der andere Hund ihn als höherrangig anerkennt. Dasselbe gilt für die Mensch-Hund-Beziehung.

Erziehung beginnt am ersten Tag

Vom ersten Tag an müssen Sie Ihrem neuen Familienmitglied vermitteln, dass Sie es sind, der bestimmt, wo es langgeht. Bei einem Welpen haben Sie es hier auch noch ganz einfach. Denn er folgt Ihnen freiwillig überall hin, ist aufgeschlossen für alles und sehr anpassungsfähig. Diese Zeit sollten Sie nutzen und ihm die Dinge beibringen,

Von Anfang an hat der Welpe in seinem neuen Zuhause eine Menge zu lernen. Liebevolle Konsequenz führt viel schneller zum Ziel als ständiges Schimpfen.

Kräftemessen unter Artgenossen gehört auch zur natürlichen Entwicklung eines Welpen – nicht selten geht es recht munter „zur Sache".

die er später können sollte. Dabei müssen Sie jedoch unbedingt darauf achten, dass Sie bei der Durchsetzung Ihrer Ziele auch Erfolg haben. Geben Sie zum Beispiel ein Signal, sollten Sie auf dessen Umsetzung bestehen. Natürlich nicht mit Gewalt, sondern über positive Bestärkung (siehe S. 91).

Wer darf aufs Sofa?
In der Regel beginnt die Hauserziehung mit dem Thema Stubenreinheit (siehe S. 41). Für einen „See" im Wohnzimmer wird sicher niemand einen Welpen belohnen. Aber wie steht es mit der Frage, ob der Hund auf dem Sofa sitzen darf oder nicht?

Wenn ein Familienmitglied den Hund auf dem Sofa duldet, während ein anderes das Verhalten verbietet, wird der Hund nicht begreifen, was er darf. Jeder im Haus muss ihn bei dem Versuch, auf das Sofa zu klettern, mit einem klaren NEIN daran hindern, Erfolg zu haben. Dieses NEIN muss der Hund bei jedem weiteren Versuch hören, bis er es nicht mehr versucht.

Entscheidet man sich, den Hund auf dem Sofa sitzen zu lassen, wird er das auch tun, wenn er zum Beispiel vom Spaziergang schmutzig nach Hause kommt. Er kann nicht unterscheiden, ob er saubere oder schmutzige Pfoten hat. Es hat also keinen Sinn, dann mit einem hysterischen Anfall zu reagieren. Aber nicht nur aus diesem Grund sollte man überlegen, ob der Hund aufs Sofa darf. Dem Rudelführer ist ein bestimmter Schlafplatz vorbehalten. Die untergeordneten Rudelmitglieder würden diesen Platz nicht antasten. Man vermittelt dem Hund also bereits mit der Entscheidung, ihn nicht auf dem Sofa liegen zu lassen, dass man der Chef des Rudels ist.

> **Tipp | Nach einem Tadel**
> Wurde der Hund für ein Fehlverhalten gemaßregelt, sollte man nicht nach kurzer Zeit zum Hund gehen, um sich zu entschuldigen. Man wartet, bis er von selbst wieder den Kontakt herstellt. Dann zeigt man sich nicht nachtragend, sondern geht auf ihn ein. Der Rudelführer entschuldigt sich nicht, und Gefühle wie Mitleid sind ihm fremd.
> Der Rangniedere nimmt den ersten Kontakt nach einer Auseinandersetzung auf und prüft, ob die Stimmung wieder freundlich ist.

Nur ein gut erzogener Golden Retriever ist ein angenehmer Begleiter – ob auf Feldern und Wiesen oder in der Stadt.

Wer isst zuerst?
Auch andere Äußerlichkeiten sind nützlich, um dem Hund die Rangfolge klarzumachen: Der Rudelführer isst zuerst, man sollte seinen Golden also erst dann füttern, wenn man selbst seine Mahlzeit zu sich genommen hat. Natürlich füttert man nicht vom Tisch.

Wer geht voran?
Beim Verlassen oder Betreten der Wohnung oder des Zimmers, geht der Mensch zuerst durch die Tür, der Hund folgt hinterher. Das hat auch den Vorteil, dass der Hund z.B. nicht unkontrolliert auf die Straße rennen kann. Der Mensch kann die Situation vorher abklären und sehen, ob draußen alles in Ordnung ist. Beim Hinauf- oder Hinabgehen einer Treppe verhält es sich genauso (natürlich erst dann, wenn der Hund nicht mehr getragen werden muss). Es kann lästig und gefährlich sein, wenn man z.B. mit einem vollen Wäschekorb die Treppe hinuntergehen will und der Hund ständig den Weg versperrt.

Hochspringen
Hunde, die zur Begrüßung an Menschen hochspringen, sind, nicht nur wenn sie schmutzig sind, äußerst lästig. Es gibt immer auch Menschen, die Angst vor Hunden haben. Man sollte also dem Hund das Hochspringen abgewöhnen. Gerade ein Welpe wird dieses Verhalten immer wieder zeigen. Das hängt damit zusammen, dass er zunächst seine Untergebenheit durch das sogenannte „Futterlecken" demonstrieren will. Ein jüngerer Hund leckt dem älteren zur Begrüßung das Maul. Das versucht er bei uns Menschen auch. Er erreicht unser „Maul" aber nur, indem er hochspringt. Gehen Sie beim Begrüßen des Welpen einfach in die Hocke, damit er gar nicht erst zum Springen verleitet wird. Mit der Zeit lässt dieses Bedürfnis des Hundes meist von selbst nach. Wenn er sich diese Art der Begrüßung aber doch nicht abgewöhnen will, ist eine wirklich hilfreiche Methode, den Hund beim Nachhausekommen völlig zu ignorieren, das heißt nicht anfassen, nicht ansprechen, nicht ansehen. Man kümmert sich in den ersten Minuten erst einmal gar nicht um ihn. Wenn er sich dann beruhigt hat und zum Beispiel auf seine Decke gegangen ist, wird er freudig begrüßt und gelobt. Das klappt vielleicht nicht beim ersten Mal, aber es lohnt sich, die Geduld für diese Methode aufzubringen.

Unterwürfige Begrüßung
Manche Hunde hinterlassen auch kleine „Freudenpfützen" bei der Begrüßung. Das ist eine eindeutige Unterwerfungsgeste. Man sollte den Hund dafür auf keinen Fall bestrafen, es wird dann nur noch schlimmer. In der Regel hört dieses Verhalten von selbst auf, wenn der Golden dem Welpen- oder Junghundealter entwachsen ist. Allerdings deutet dieses Verhalten darauf hin, dass derjenige, der begrüßt wird, sich seinem Hund gegenüber während der Begrüßung zu dominant verhält. Das kann durch eine tiefe Stimme oder durch eine über den Hund gebeugte Körperhaltung vermittelt werden. Am besten lässt man in einem solchen Fall

die Begrüßung etwas weniger heftig ausfallen. Auch Hunde untereinander, die nach einer Trennung wieder zusammenkommen, begrüßen sich nicht überschwänglich. Ein kurzes Schnüffeln ist in der Regel alles, was passiert. Nur in seltenen Fällen, wenn die Rangordnung noch geklärt werden muss, besteht der übergeordnete Hund darauf, dass sich der rangniedere hinlegt oder sich auf eine andere Art und Weise unterwirft. Der Mensch sollte den Hund aber nicht auf diese Weise dominieren. Am besten ist es, weder aus einem Abschied noch aus der Begrüßung einen Staatsakt zu machen. Es fällt dem Hund dann auch leichter, allein zu bleiben.

Alleinbleiben

Das Alleinbleiben fällt Golden Retrievern besonders schwer, da sie immer gern in Gesellschaft sind. Doch mit etwas Übung gewöhnt sich bereits der Welpe daran. Hat Ihr Welpe gefressen oder ist von einem Ausflug müde und legt sich hin, gehen Sie einfach kurz aus dem Zimmer und machen die Tür hinter sich zu. Beim Zurückkommen beachten Sie Ihren Hund nicht, sondern widmen sich wieder Ihrer Hausarbeit.

Die Zeit des Wegbleibens können Sie nun Tag für Tag etwas ausdehnen (wir sprechen hier aber noch von wenigen Minuten). Sollte Ihr Welpe hinter der Tür jammern, dann kommen Sie erst zurück, wenn er damit aufgehört hat. Das ist nicht einfach, aber wichtig. Danach tun Sie so, als ob nichts gewesen wäre. Fangen Sie bitte nicht an, Ihren Welpen zu trösten. Das würde er als Bestätigung dafür empfinden, wie schlimm das Alleinsein ist.

Mit der Zeit lernt Ihr Hund dann immer länger allein zu bleiben. Sie sollten aber auch Ihren erwachsenen Golden nie länger als maximal vier Stunden am Stück alleine lassen.

Ein Golden ist am liebsten in der Gesellschaft seiner Menschen. Damit er das Alleinsein nicht als Strafe empfindet, muss man ihn behutsam an diese Situation gewöhnen.

Seine größte Leidenschaft ist das Apportieren. Aus diesem Grund sind Spiele in Verbindung mit dem Suchen und Zurückbringen von Beute beim Golden bis ins hohe Alter beliebt.

Richtig Spielen

Spielen ist außerordentlich wichtig, um Vertrauen aufzubauen und seine Position zu verdeutlichen. Es schafft Nähe und der Hund lernt, seine Kräfte gegenüber dem Menschen zu zügeln. Unsere Haut ist viel empfindlicher als das Fell der Geschwister oder anderer Hunde. Der kleine Welpe muss also erst lernen, seine Zähnchen und Pfoten entsprechend behutsam einzusetzen.

Für die Rangordnung ist es wichtig, dass Sie das Spiel immer beginnen und auch wieder beenden.

Spiel ohne Beute

Beim Spiel ohne Beute, also ohne einen Gegenstand, wälzen Sie sich mehr oder weniger mit Ihrem Hund auf dem Boden umher. Sie können Ihren Golden-Welpen spielerisch auf den Rücken drehen, ihm den Bauch kraulen oder ihn einmal kurz auf dem Boden festhalten, mit der Hand über seinen Fang streichen oder sein Gebiss leicht öffnen. Mit diesen Übungen lernt Ihr Welpe sich überall anfassen zu lassen (Ihr Tierarzt oder die Zuchtrichter werden es Ihnen danken).

Sollte Ihr Welpe zu Beginn seine Zähne zu fest einsetzen, dann reagieren Sie bitte auf keinen Fall aggressiv. Er hat noch nicht gelernt, seine eigene Kraft richtig einzuschätzen. Welpen quieken laut auf, wenn der Spielpartner zu heftig wird. Dies können Sie ebenfalls tun. Sollte Ihr Welpe trotzdem sein Spiel nicht mäßigen oder sich gar in Ihrem Pullover oder der Hose verbeißen und an dieser zerren, dann beenden Sie sofort das Spiel. Keine Worte, kein Tadel, Sie stehen einfach auf und gehen. Schluss, aus, vorbei!

Beutespiele

Beim Spiel mit Beute sollten Sie darauf achten, dass Ihr Hund die Beute auch abgibt. Hier müssen Sie aufpassen, dass Sie sich in keinem Fall um die Beute

Richtig spielen

zanken. „Zerrspiele" fördern den Kampftrieb, der beim Golden Retriever unerwünscht ist. Gehen Sie auf diese Spiele erst gar nicht ein. Möchte Ihr Retriever seine Beute nicht ausgeben, dann versuchen Sie es über einen Tausch. Bieten Sie ihm ein anderes Spielzeug oder ein Leckerchen an und nehmen Sie ihm gleichzeitig seine Beute ab. Diesen Vorgang können Sie auch mit einem Signal belegen (z.B. GIB'S oder AUS). Danach beginnen Sie das Spiel erneut mit der Beute. Überlassen Sie ihm diese auch hin und wieder. Am Ende des Spiels sollte er sie jedoch freiwillig wieder hergeben.

Bringspiele

Der Golden Retriever ist ein Apportierhund, was bedeutet, dass er gern Dinge sucht, aufnimmt, trägt und seinem Halter bringt. Diesen Bringtrieb sollten Sie unbedingt fördern und Ihren Retriever über das Apportieren sinnvoll beschäftigen (siehe S. 116).

Ihr kleiner Welpe wird sicher ein Spielzeug aufnehmen und herumtragen. Versuchen Sie nun, ihn mit ruhigen Worten zu sich zu locken. Auf keinen Fall dürfen Sie Ihrem Hund nachlaufen, was gerade auch Kinder sehr gern tun. Sie haben keine Chance, einen Hund zu fangen und fördern so nur ein Fangspiel, das wir beim Retriever unbedingt vermeiden wollen.

Gehen Sie in die Hocke und locken Sie den kleinen Kerl zu sich. Kommt er heran, dann greifen Sie bitte nicht sofort nach der Beute, sondern loben Sie ihn zunächst für das Kommen und streicheln Sie ihn ausgiebig. Dabei können Sie auch kurz einmal die Beute berühren. Dann erst nehmen Sie ihm, ohne zu zerren, mit dem Signal AUS die Beute ab. Zur Belohnung geht das Spiel dann noch eine Weile weiter. Beenden Sie es, bevor Ihr Hund den Spaß daran verliert, so dass Sie es noch mit einem Erfolg (dem Ausgeben) abschließen können.

Auf diese Weise kann man jeden Spaziergang zu einem spannenden und vergnüglichen Erlebnis für Hund und Mensch machen.

Das Herankommen auf Pfiff oder Ruf ist eine im Alltag unerlässliche Übung, mit der man den Hund in jeder Situation unter Kontrolle hat. Schon im Welpenalter sollte der Golden auf das Komm-Signal konditioniert werden. Immer wenn der Hund auf das Signal richtig reagiert, wird er belohnt, damit er beim nächsten Mal wieder gerne kommt.

Grundlage zum Apportieren
Soll Ihr Hund später richtig apportieren, sind diese Bringspiele im Welpenalter unerlässlich. Dabei ist es wichtig, dass Sie ihn überschwänglich loben, wenn er Ihnen etwas bringt. Wertvolle Gegenstände sollten im Welpenalter besser außer Reichweite aufbewahrt werden, außer Sie freuen sich auch, wenn er Ihnen Ihre teuren Lederschuhe apportiert.

Auch über eher unappetitliche Gegenstände sollten wir uns wie Schneekönige freuen. Immerhin liefert er uns diese wertvolle Beute freiwillig ab – ein großer Vertrauensbeweis.

> **Tipp | Aus**
> Das Signal AUS ist nicht nur beim Apportieren wichtig, sondern in allen Situationen. Gerade unsere verfressenen Retriever haben immer wieder Gegenstände im Maul, die da nicht hineingehören. Eine Maus, Taschentücher oder Pferdeäpfel sind noch die harmloseren Dinge. Einiges kann beim Hinunterschlucken sehr gefährlich werden, das Signal AUS dabei Leben retten.

Das kleine Einmaleins der Hundeerziehung

Herankommen
Damit Sie Ihren Golden zuverlässig unter Kontrolle haben, ist es unerlässlich, dass er kommt, sobald Sie ihn rufen. Das Komm-Signal kann dabei sowohl durch Rufen als auch mittels einer Hundepfeife gegeben werden. Auf die Pfeife kann man Hunde ausgezeichnet konditionieren. Bei den Retrievern macht man sich dabei zunutze, dass sie ausgesprochen gern fressen. Vielleicht hat sogar Ihr Züchter bereits mit der Konditionierung auf den Pfiff begonnen, dann können Sie damit zu Hause fortfahren.

Pfiff am Futternapf
Füttern Sie Ihren Hund und pfeifen Sie, bevor Sie den Napf auf den Boden stellen. Benutzen Sie dasselbe Pfeifsignal wie für das Herankommen. Bei einer doppeltönigen Pfeife, die einen glatten Pfiff und einen Triller hat, wird in der Regel der glatte Pfiff für das Komm-Signal verwendet. Dabei lassen Sie zwei kurze Töne erklingen (TÜT TÜT).

Das kleine Einmaleins der Hundeerziehung

Es ist gleichgültig, ob Ihr Hund bereits neben Ihnen sitzt, wenn Sie die Futterschüssel in der Hand halten.

Diese Übung dient zunächst nicht dazu, Ihren Hund zu rufen, sondern es soll lediglich erreicht werden, dass er das Pfeifen mit der angenehmen Erfahrung des Fressens in Verbindung bringt. Lassen Sie den Pfiff vor jeder Mahlzeit ertönen.

Nach einigen Tagen können Sie Ihren Hund im Haus und ohne Ablenkung dann auch zu sich pfeifen, wenn keine Mahlzeit ansteht. Selbstverständlich gibt es als Belohnung für das Herankommen ein Leckerchen. Reagiert er noch nicht auf den Pfiff, ignorieren Sie es. Auf keinen Fall dürfen Sie ein zweites Mal pfeifen. Gehen Sie einfach wieder einen Schritt zurück an die Futterschüssel.

Irgendwann wird Ihr Welpe den Pfiff mit dem „Fressen" verbinden und angerannt kommen, sobald er ertönt.

Erfolge in kleinen Schritten

Reagiert Ihr Welpe auf den Pfiff, sollten Sie diesen Erfolg nicht gleich überstrapazieren. Haben Sie Geduld. Probieren Sie alle paar Tage einmal aus, ihn im Haus und später auch im Garten heranzupfeifen. Natürlich gibt es bei jedem Erfolg ein Leckerchen. Später können Sie dieses dann auch nur hin und wieder geben. Vor jeder Mahlzeit wird diese Übung aber auch weiterhin praktiziert.

> **Tipp | Festigen der Rangordnung**
> - Bestimmen Sie selbst den Zeitpunkt für Spiel, Spaziergänge usw.
> - Füttern Sie ihn erst, wenn Sie selbst mit dem Essen fertig sind.
> - Gehen Sie zuerst durch die Tür.
> - Kontrollieren Sie von Zeit zu Zeit sein Gebiss und seine Ohren, auch wenn es nicht erforderlich wäre.
> - Nehmen Sie ihm hin und wieder ein Spielzeug oder eine andere Beute weg.
> - Halten Sie ihn im Spiel hin und wieder fest, auch wenn er das nicht möchte.

Erziehung leicht gemacht

Reagiert der junge Golden nicht wunschgemäß auf das Komm-Signal, kann man gut in unbekanntem Gelände üben. Versuchen Sie einmal, sich geräuschlos zu verstecken ...

Konsequenz in jeder Situation

Wann immer Sie ein Signal geben, gleichgültig welches, müssen Sie auch darauf bestehen, dass es befolgt wird. Reagiert Ihr Hund einmal nicht auf die Pfeife, müssen Sie ihn holen. Zu diesem Zweck gehen Sie langsam auf ihn zu, nicht rennen, sonst rennt er auch (in der Regel in die andere Richtung). Nehmen Sie ihn am Halsband oder an die Leine und gehen mit ihm zu dem Platz zurück, von dem Sie ihn gerufen haben. Dort angekommen, können Sie ihn ausgiebig loben.

Signal KOMM

Parallel zur Konditionierung der Pfeife üben Sie auch das Signal KOMM über die Stimme. Zu diesem Zweck locken Sie Ihren Hund zu sich, indem Sie ihn mit freundlicher Stimme einladend rufen oder für den Hund unbekannte, interessante Geräusche machen. Beginnen Sie mit der Übung, wenn Ihr Retriever ohnehin auf dem Weg zu Ihnen ist. Loben Sie ihn freudig und geben Sie ihm ein Leckerchen, wenn er bei Ihnen ist.

Das Herankommen soll für Ihren Hund immer eine angenehme Erfahrung sein: Kommt er zu Ihnen, wird er immer gelobt. Den Hund zu strafen, wenn er zunächst nicht gehorsam war, dann aber irgendwann doch zurück-

Herankommen auf Spaziergängen

Klappt der Pfiff im Haus und Garten gut, können Sie es auch einmal draußen auf dem Feld versuchen, selbstverständlich zunächst ohne Ablenkung durch andere Hunde oder Spaziergänger. Auch hier gibt es zunächst wieder Leckerchen zur Belohnung, später wird Ihr Hund ohne Leckerchen gelobt, indem Sie ihn streicheln und sich mit ihm freuen, dass es geklappt hat.

Lassen Sie sich nicht dazu verleiten zu glauben, Sie hätten den Hund jetzt unter Kontrolle. Pfeifen Sie unter keinen Umständen, wenn Sie befürchten müssen, dass Ihr Golden nicht kommt (zum Beispiel wenn er mit anderen Hunden spielt). Das Risiko wäre zu groß, dass er die Pfeife ignoriert.

> **Tipp | Der Komm-Pfiff**
>
> Rufen oder pfeifen Sie Ihren Hund nicht mehrmals, sondern immer nur einmal. Ihr Golden lernt sonst, dass er auf das erste Signal von Ihnen nicht reagieren muss, es folgen ja noch weitere.
> Überlegen Sie sich genau, in welchen Situationen Sie Ihren Hund heranrufen. Nur über Erfolg festigt sich mit der Zeit das Gelernte.

...Ihr Hund wird schnell bemerken, dass Sie nicht mehr da sind und aufgeregt nach Ihnen suchen. Lassen Sie ihn eine Weile gewähren und rufen oder pfeifen Sie, wenn er Sie nicht von selbst findet. Ist Ihr Golden Retriever wieder bei Ihnen, freuen Sie sich mit ihm über den Erfolg und loben ihn ausgiebig.
Es versteht sich von selbst, dass man diese Übung nur in einem für den Hund ungefährlichen Gelände durchführt.

kommt, würde genau das Gegenteil bewirken. Beim nächsten Mal kommt er dann gar nicht mehr.

Auch hier gilt: Üben Sie zunächst in einer ablenkungsfreien Umgebung. Erst wenn die Übung gut klappt, steigern Sie den Schwierigkeitsgrad.

Pfiff oder Stimme

Ob Sie die Pfeife oder die Stimme benutzen, um Ihren Golden zu rufen, hängt von der Situation ab. Mit der Pfeife können Sie sich über größere Distanzen bemerkbar machen. Außerdem klingt sie immer gleich, egal in welcher Stimmung Sie gerade sind. Sind Sie verärgert, wird Ihr Hund dies an Ihrer Stimme erkennen und möglicherweise weniger gern kommen.

KOMM und HIERHER

In der Praxis macht es auch Sinn, einen Unterschied zwischen dem Signal KOMM und HIERHER zu machen. Während es bei einem Spaziergang ausreicht, dem Hund z.B. eine Richtungsänderung mit dem Signal KOMM anzuzeigen, wobei er sich lediglich in die Richtung seines Halters bewegt, kann es manchmal notwendig sein, den Hund mit HIERHER dazu zu bewegen, direkt zu kommen und vor dem Halter zu sitzen oder zu stehen, bis er z.B. angeleint worden ist oder mit dem Signal LAUF aufgefordert wird, wieder loszurennen. Die Pfeife benutzen wir dabei wie das Signal HIERHER. Es ist lediglich eine Frage des Trainings, dass der Hund den Unterschied begreift.

Das Signal SITZ kann man durch ein Handzeichen unterstützen.

Hinsetzen

Die Übung SITZ beherrschen die meisten Hunde sehr schnell. Ein Welpe setzt sich oft hin, z.B. dann, wenn er etwas anschauen möchte, das größer ist als er selbst. Wenn er sich also gerade setzt, unterstützen Sie diese Handlung mit lobenden Worten, wobei Sie immer wieder das Wort SITZ wiederholen. Normalerweise reicht das bereits aus, um dem Hund die Bedeutung dieses Wortes zu vermitteln.

Sie können auch ein Leckerchen nehmen, dieses vor seine Schnauze halten und langsam nach hinten über seinen Kopf ziehen. Er wird dem Leckerchen folgen und automatisch ins SITZ plumpsen. Probieren Sie es aus, es ist gar nicht so schwierig. Sobald er seinen Po auf dem Boden hat, geben Sie das Signal SITZ.

Wiederholen Sie diese Übung immer wieder in einer Umgebung ohne Ablenkung. Erst wenn sie klappt, können Sie auch im Garten üben und später dann auch auf dem Spaziergang.

Leinenführigkeit

Dieses Thema ist besonders wichtig, denn man kann dem Hund über die Leine eine Menge vermitteln. Die Leine ist ein Hilfsmittel, mit dem man seinen Golden jederzeit unter Kontrolle hat. Durch sie lernt er, sich auf seinen Menschen zu konzentrieren und ihm zu folgen. Für beide Seiten ist es natürlich nur angenehm, wenn der Hund gelernt hat, ordentlich an der Leine zu gehen.

Ein Hund, der an der Leine zerrt, ist für jeden eine Last. Auch wenn man einen Welpen noch bequem mit seinem gesamten Gewicht halten kann, spätestens wenn der Golden Retriever ausgewachsen ist und mit ca. 35 bis 40 kg Lebendgewicht am anderen Ende der Leine hängt, wird es sehr unangenehm. Viele Hundebesitzer sind schon fast verzweifelt, weil sie mit der Leine im wahrsten Sinne des Wortes „an ihrem Hund hängen". Man sollte sich also nicht täuschen lassen: Irgendwann wird das Thema Leinenführigkeit für jeden Retriever-Besitzer wichtig. Und gerade in diesem Punkt gilt: „Was Hänschen nicht lernt, lernt Hans nur schwer."

> **Tipp** | **Handzeichen SITZ**
>
> Man kann diese Übung durch Handzeichen unterstützen, indem man z.B. den Zeigefinger in Brusthöhe hebt. Der Hund wird darauf aufmerksam und, indem er zum gehobenen Zeigefinger aufschaut, setzt er sich meist von selbst.

Lockere Leine von Anfang an

Viele Wege führen nach Rom, nach unserer Erfahrung gibt es jedoch nur einen einzigen Weg zu einem leinenführigen Hund: Vom ersten Tag an, an dem der Golden Retriever die Leine kennenlernt, muss er lernen, dass er nicht ziehen darf. Wie das funktioniert? Eigentlich ganz einfach!

Eine ganz wichtige Voraussetzung für den Erfolg ist der Zeitpunkt, an dem man mit der Übung Leinenführigkeit beginnt. Ist der Golden zu jung, wird er nicht begreifen können, was von ihm verlangt wird. Das beste Alter für das Training ist nach unserer Erfahrung die siebzehnte oder achtzehnte Lebenswoche. In diesem Alter hat er genügend Vertrauen zu seinem Besitzer aufgebaut. Es ist aber auch ausgesprochen wichtig, dass er vorher noch keine Erfahrungen mit der Leine gemacht hat. Suchen Sie sich für die erste Lektion zur Leinenführigkeit einen Tag aus, an dem Sie ausgeglichen und ruhig sind.

Erste Schritte bei Fuß

Wählen Sie einen Zeitpunkt, an dem Ihr Golden ohnehin schon etwas müde ist – also am besten nach einer Spielaktion. Nehmen Sie die Leine, ein paar Leckerchen und Ihren Hund und fahren Sie in ein dem Hund unbekanntes Gelände. In einem unbekannten Gelände hat er ohnehin das Bestreben, in der Nähe seines Menschen zu bleiben. Das erleichtert die Sache. Dort angekommen, machen Sie zum ersten Mal in seinem Leben die Leine an seinem Halsband fest.

Versuchen Sie ihn mit aufmunternden Worten dazu zu bewegen, ein paar Schritte neben Ihrem linken Bein zu gehen. Dabei halten Sie ihm ein Leckerchen vor die Nase. Klappt das gut, lassen Sie Ihren Golden nach ein paar Metern sitzen, machen die Leine ab und loben ihn außerordentlich. Dann darf er mit dem Signal LAUF noch etwas springen. Für den heutigen Tag reicht das aus, mehr wollten wir nicht erreichen.

> **Tipp | Halsband & Geschirr**
>
> An das Halsband und auch ein Geschirr sollten Sie Ihren Welpen von Anfang an gewöhnen. Am besten in Verbindung mit der Fütterung. Legen Sie ihm einfach immer wieder das Halsband an, bevor er gefüttert wird. Nach der Fütterung können Sie es ihm dann wieder abnehmen. Das Geschirr können Sie benutzen, solange Ihr Welpe noch nicht gelernt hat, bei Fuß zu gehen, Sie ihn aber aus Sicherheitsgründen nicht frei laufen lassen können.

Bei-Fuß-Gehen lernt der Golden am besten, wenn seine Aufmerksamkeit ganz auf seinen Besitzer gelenkt ist. Das erreicht man durch Leckerchen oder auch durch ein Spielzeug.

Erziehung leicht gemacht

Strafft sich die Leine, weil der Golden durch andere Reize von seinem Besitzer abgelenkt ist, kann man durch Stehenbleiben oder einen Richtungswechsel die Aufmerksamkeit zurückgewinnen.

Zug bedeutet keinen Schritt weiter
Springt Ihr Golden wie ein kleiner Ziegenbock an der Leine umher oder bleibt stur auf einem Fleck sitzen, versuchen Sie ihn zu beruhigen und dazu zu bewegen, in der Position links neben Ihnen mit durchhängender Leine nur ein paar Schritte zu gehen. Zieht er nach vorn oder zur Seite, sodass sich die Leine spannt, bleiben Sie umgehend stehen – es geht erst dann wieder weiter, wenn die Leine nicht mehr gespannt ist bzw. wenn der Hund sich in Ihre Richtung bewegt. Schnell lernt er, dass es nur dann vorwärts geht, wenn die Leine locker durchhängt. Es ist ausgesprochen wichtig, bei jedem Spannen der Leine stehenzubleiben. Auch wenn man so nicht wirklich schnell vorankommt, ist diese Methode wesentlich angenehmer als der früher übliche kräftige Ruck an der Leine. So wird er lernen, von sich aus darauf zu achten, dass die Leine immer lose durchhängt.

Natürlich dürfen Sie die Konzentrationsfähigkeit des jungen Hundes nicht überschätzen. Fürs Erste reicht es aus, die Übung ein- oder zweimal am Tag für höchstens fünf Minuten zu machen. Anfangs sollte keine Ablenkung da sein.

Tempo- und Richtungswechsel
Nach und nach können Sie dann beginnen, die Situationen etwas schwieriger zu gestalten. In jedem Fall sollten Sie aber darauf achten, dass der Golden, wenn er an der Leine ist, nicht zieht.

In den ersten Wochen müssen Sie also die Situationen, in denen Sie Ihren Hund anleinen, sehr genau prüfen. Kann er sich jetzt so konzentrieren, dass die Übung klappt? Sind Sie selbst konzentriert genug, dass Sie auf die richtige Position des Hundes achten können? Ist das nicht der Fall, leinen Sie Ihren Hund am besten erst gar nicht an. Haben Sie sich aber entschieden, in einer bestimmten Situation die Leinenführigkeit zu üben, müssen Sie unbedingt darauf bestehen, dass Ihr Golden

Tipp | Moxonleine
Die Moxonleine oder auch Retrieverleine genannt, ist Halsband und Leine aus einem Stück. Sie ist für die Retrieverarbeit sehr praktisch, da sie dem Hund schnell übergelegt und auch wieder abgenommen werden kann. Da die meisten Moxonleinen jedoch Endloswürger sind (die Schlinge zieht sich beim Ziehen des Hundes zu), sollte sie erst benutzt werden, wenn der Golden ordentlich bei Fuß laufen kann. Es gibt auch Moxonleinen mit Zugbegrenzung, wodurch ein Zuziehen verhindert wird.

Das kleine Einmaleins der Hundeerziehung

Hat der Golden Retriever das Signal BEI FUSS mit der Leine verstanden, kann man mit der Übung BEI FUSS ohne Leine beginnen. Auch hier ist es wichtig, die Aufmerksamkeit des Hundes zu gewinnen und sein Konzentrationsvermögen gerade am Anfang des Trainings nicht zu überfordern.

ordentlich an der Leine geht. Durch Tempowechsel und häufige Richtungsänderungen erhöhen Sie die Aufmerksamkeit des Hundes. Sprechen Sie mit ihm, das wird ihn dazu bringen, Sie anzusehen. Lässt die Konzentration Ihres Hundes nach, wird er abgeleint. In der ersten Zeit sollten Sie ihn nicht zu lange an der Leine führen und die Übungsintervalle sehr kurz halten.

Hinlegen

Das Signal PLATZ übt man zunächst genauso wie das SITZ: Sobald sich der Hund von selbst hinlegt, verbindet man diese Handlung mit Lob, wobei man immer wieder betont, wie fein er PLATZ macht. Sie können Ihren Hund aber auch mit der Hand ins Platz führen. Gehen Sie dabei in die Hocke und lassen Sie Ihren Hund vor sich sitzen.

Nehmen Sie ein Leckerchen zwischen Daumen und Handfläche, dabei zeigt Ihre Handfläche zum Boden. Führen Sie Ihre Hand langsam von der Nase des Hundes zwischen seinen Vorderbeinen so zum Boden, dass er mit der Nase folgen kann, ohne aufzustehen. Er wird Ihrer Hand folgen und sich automatisch hinlegen. In diesem Moment geben Sie ihm das Signal PLATZ.

Die Handfläche, die zum Boden zeigt, ist gleichzeitig das Handzeichen für PLATZ. Hat Ihr Golden die Übung verstanden, können Sie auch stehen bleiben und mit der Handfläche zum Boden deuten. Er sollte sich dann sofort hinlegen. Gehen Sie jedoch nicht zu schnell vor. Viele Übungen mit dem Leckerchen sind notwendig, bis ein Hund wirklich verstanden hat, was wir von ihm möchten.

Das Signal PLATZ unterstützt man ebenfalls durch ein Handzeichen.

Mit dem Triller ins Platz

Der Triller Ihrer Pfeife ist das Signal für PLATZ. Üben Sie PLATZ zunächst so lange, bis Ihr Golden es auf Signal und Handzeichen hin beherrscht. Erst dann können Sie den Triller einsetzen. Fügen Sie nun Ihrem verbalen Signal den Triller hinzu. Und zwar so lange, bis Ihr Hund auch auf den Triller hin sich zuverlässig hinlegt. Dann können Sie sich auch etwas vom Hund entfernen (nur wenige Schritte) und ihm das Signal erneut geben. Steigern Sie die Distanz zwischen Ihnen und Ihrem Hund langsam. Wichtig ist, dass er Ihr Signal immer befolgt, egal wie weit Sie von ihm entfernt sind. Am Anfang können Sie Ihren Hund auch durch eine Schleppleine absichern, um die Ausführung im Notfall „erzwingen" zu können.

Durch den Triller ist Ihr Hund auch in großer Entfernung noch kontrollierbar. Das kann dann besonders wichtig werden, wenn er z.B. der Spur eines Kaninchens folgt und dabei gefährlich nahe in Richtung einer befahrenen Straße läuft. Es kann für Ihren Golden lebensrettend sein, wenn Sie ihn in einer solchen Situation stoppen können. Das setzt natürlich unbedingten Gehorsam und die perfekte Umsetzung des PLATZ-Signals voraus. Es versteht sich von selbst, dass das nicht mit einem jungen Hund funktioniert. Um Ihren Golden Retriever hier nicht zu überfordern, sollten Sie genau abwägen, in welchem Alter Sie ihm diese Unterordnungsbereitschaft abverlangen können.

Bleiben

Das Signal BLEIB setzt ein gewisses Alter des Hundes voraus. Ein Welpe hat die natürliche Veranlagung, seinem Besitzer bzw. seinem Rudel zu folgen. BLEIB könnte für ihn also gewissermaßen eine Art Strafe bedeuten. Auch hier ist es besonders wichtig, den richtigen Zeitpunkt für das Training abzuwarten. Erst wenn Ihr Golden ein gewisses

> **Tipp | Abholen aus dem BLEIB**
>
> BLEIB ist eine sehr wichtige Übung für den Alltag. Es gibt immer wieder Situationen, in denen man seinen Hund einmal für kurze Zeit irgendwo ablegen muss. Wichtig ist jedoch, dass Sie ihn nie aus dem BLEIB zu sich herrufen, sondern ihn immer abholen. Das heißt, er darf erst dann aufstehen, wenn Sie wieder bei ihm sind und ihn dazu aufgefordert haben.

Kennt der Hund das Signal PLATZ, übt man das Signal BLEIB, indem man sich langsam unter Beibehaltung des Handzeichens – zuerst nur wenige Schritte – vom Hund entfernt. Vergessen Sie nicht, Ihren Golden Retriever zu loben, wenn er brav liegen geblieben ist und Sie das Signal wieder aufgehoben haben.

Selbstbewusstsein und Vertrauen entwickelt hat, wird er in der Lage sein, auch ohne Sie einen Moment an einem Ort zu verweilen.

Langsam auf Distanz
Trainieren Sie zunächst in vertrauter Umgebung, sie gibt dem Hund Sicherheit. Halten Sie ihn anfangs an der Leine, lassen ihn sitzen und lassen dann die Leine los. Mit beruhigenden Worten und unter Augenkontakt entfernen Sie sich nun ein ganz kleines Stück. Bevor er aufsteht, gehen Sie wieder zurück und loben ihn kräftig. Nach und nach können Sie die Distanz langsam vergrößern und die Dauer auf mehrere Sekunden ausweiten.

Klappt dies gut, können Sie es auch ohne Leine versuchen. Gehen Sie wieder in ganz kleinen Schritten vor. Bleiben Sie zu Beginn immer im Sichtfeld des Hundes, später können Sie dann versuchen, um ihn herumzulaufen, so dass er Sie einen Moment nicht sehen kann. Funktioniert auch das perfekt, können Sie auch z.B. um das auf einem Feldweg geparkte Auto herumlaufen und eine Weile hinter dem Auto stehenbleiben.

Stehen
Das Signal STEH ist einerseits wichtig, wenn Sie mit Ihrem Hund auf Ausstellungen gehen möchten, andererseits gibt es auch im Alltag Situationen, die ein STEH verlangen, z.B. beim Tierarzt.

Tipp | Signale aufheben

Jede Übung wird stets vom Halter beendet, niemals vom Hund selbst. So sollte der Hund z.B. nach dem Signal SITZ erst dann wieder aufstehen dürfen, wenn das Signal durch ein anderes (z.B. LAUF) aufgehoben wurde.

Auch bei dieser Übung geben wir am Anfang dem gewünschten Verhalten einen Namen. Lassen Sie Ihren Welpen sitzen und locken Sie ihn mit einem Leckerchen ins Steh. Geben Sie dann das Hörsignal STEH und belohnen Sie ihn.

Die Retrieververbände bieten auch Kurse oder sogenannte Pfostenschauen an, auf denen man lernt, seinen Golden richtig zu präsentieren. Fragen Sie Ihren Züchter.

Info · Was tun, wenn er nicht gehorcht?

> Überprüfen Sie kritisch die Rangordnung im Rudel. Sind Sie wirklich seine Leitfigur, oder hat Ihr Hund die Führung übernommen?
> Nimmt Ihr Hund Sie ernst, oder halten Sie es hin und wieder nicht für so wichtig, dass er Ihre Signale ausführt?
> Sind die Signale klar und eindeutig?
> Geben Sie Signale in der Ausbildungsphase wirklich nur dann, wenn der Hund nicht durch eine Ablenkung zum Ungehorsam verleitet werden könnte?
> Loben Sie Ihren Hund für erwünschtes Verhalten ausreichend?

Immer nur ein Signal

Das kleine Einmaleins sollte jeder Golden beherrschen. Geben Sie bitte jedoch nur Signale, wenn Sie auch auf deren Ausführung einwirken können. Ihr Welpe muss lernen, dass ein Signal unbedingt befolgt werden muss. Erhält er zu viele Signale, wird er genauso wenig darauf reagieren, als wenn er gar keine erhält. Üben Sie immer nur wenige Minuten und überschätzen Sie die Konzentrationsfähigkeit Ihres Hundes nicht. Üben Sie erst unter Ablenkung, wenn die Übung ohne Ablenkung sicher klappt. Beginnen Sie erst mit einer neuen Übung, wenn Ihr Golden die vorherige verstanden hat. Es liegt immer am Menschen, wenn die Sache mit dem Gehorsam nicht funktioniert – niemals am Hund. Nur der Mensch kann abwägen und beurteilen, wann er seinen Hund überfordert und wann der Hund den Gehorsam verweigert. Die jeweilige Reaktion muss auf die Situation und den Charakter des Hundes abgestimmt sein. Gehorsamkeit hat nichts mit Kunststückchen oder Dressur zu tun, sie ist eine unabdingbare Voraussetzung für ein glückliches Zusammenleben von Hund und Mensch.

Diesem Golden macht die gemeinsame Arbeit mit seiner Halterin sehr viel Spaß. Er folgt ihr freudig und aufmerksam.

Signale auf einen Blick

Signal	Aktion des Hundes	Handzeichen	Pfeif-Ton
KOMM	Freudiges Herankommen zum Halter. Der Hund muss nicht ganz herkommen, sondern man kann dieses Signal auch nutzen, um ihm eine Richtungsänderung anzuzeigen.		
HIERHER	Freudiges Herankommen zum Halter, mit Vorsitzen z.B. zum Anleinen.	Arm seitlich nach oben strecken und seitlich auf den Oberschenkel fallen lassen.	TÜT TÜT (kurzer Doppelpfiff)
SITZ	Sich hinsetzen und sitzen bleiben.	Zeigefinger nach oben ausgestreckt.	TÜÜÜT (langer Pfiff)
PLATZ	Sich hinlegen und liegen bleiben.	Ausgestreckte Handfläche, die zum Boden zeigt.	TRILLER
FUSS	Laufen am linken Bein des Halters. Leine hängt durch (oder ohne Leine).	Handfläche klopft an Oberschenkel.	
BLEIB	Hund bleibt sitzen oder liegen, auch wenn sich sein Halter entfernt und wartet, bis dieser zurückkommt.	Handfläche zeigt in Richtung des Hundes.	
STEH	Hund steht ruhig und rührt sich nicht von der Stelle.		
LAUF	Löst alle gegebenen Signale auf. Hund darf wieder springen.		
APPORT	Hund wird zu einem Gegenstand geschickt, den er aufnehmen und zurückbringen soll.		
AUS	Hund gibt Gegenstand in die Hand seines Halters ab.		

Freizeitpartner Golden Retriever

Golden Retriever sind aktive und sehr intelligente Hunde. Eine Runde um den Block ist für sie nicht genug. Sie sind sehr robust und bei jedem Wetter unterwegs. Dabei freuen sie sich über jede Abwechslung. Ein Dummy, das ins hohe Gras fliegt, eine Leckerchenspur, die verfolgt werden darf oder ein verlorener Handschuh, der endlich wiedergefunden wird.

Umwelterfahrungen sammeln

Gerade während der Welpen- und Junghundezeit sollten Sie sich gezielt und wohlüberlegt mit Ihrem Golden Retriever beschäftigen. Es ist wichtig, den jungen Hund richtig zu prägen. Er sollte so viele Umwelterfahrungen wie möglich sammeln. Dazu gehören sowohl der Kontakt mit fremden Menschen als auch Erfahrungen mit Restaurants, Bahnhöfen, Fußgängerzonen, Straßenbahnen usw. Lassen Sie diese Umweltreize jedoch in „homöopathischer Dosierung" auf den jungen Hund einströmen.

Am Anfang reicht es völlig aus, wenn er sich im Haus und im Garten aufhält und hin und wieder mit in die Natur genommen wird. Nach und nach können Sie ihm dann mehr von der großen Welt zeigen und ihn auch schon mal mit in die Innenstadt, zur Post oder auf einen etwas belebteren Platz nehmen. Zeigt er sich in manchen Situationen einmal etwas ängstlich, dann knien Sie sich einfach zu ihm herunter, sprechen ruhig mit ihm und signalisieren ihm so, dass er Vertrauen haben kann. Trösten sollten Sie ihn jedoch nicht, sonst glaubt er am Ende noch, dass die Situation wirklich angsteinflößend ist.

Das Apportieren – die Leidenschaft der Golden Retriever.

Sinnvolle Beschäftigung und gemeinsame Erlebnisse sind nicht nur im Welpenalter wichtig, sondern auch mit dem erwachsenen Golden ein großes Vergnügen.

Auf in die Natur

In der Natur, wo keine Gefahr durch Autos usw. lauert, darf der Welpe sich auch frei bewegen und nach Herzenslust rennen. Entfernt er sich zu weit, dürfen Sie ihm nicht durch ständiges Rufen vermitteln, dass Sie noch da sind. Im Gegenteil, verstecken Sie sich lieber hinter einem Baum. Bald wird er merken, dass niemand mehr da ist, und anfangen, nach Ihnen zu suchen. Mithilfe seiner Nase wird er die Spur zurückverfolgen und Sie finden. Dann ist die Freude groß, und nach einigen wenigen Erfahrungen dieser Art hat er gelernt, dass er darauf achten muss, wo Sie sind und nicht umgekehrt.

Nutzen Sie die Zeit, in der Ihr Welpe noch so klein ist. Er wird schnell älter und damit selbstbewusster. Sein Aktionsradius vergrößert sich, und es wird immer schwieriger, ihn an sich zu binden. Daher sollten Sie diese Zeit nicht ungenutzt verstreichen lassen. Es gibt nichts Traurigeres als einen Hund, der sein Leben lang nicht von der Leine gelassen wird, weil sein Besitzer Angst davor hat, dass er weglaufen könnte.

Spaziergänge gestalten

Die körperliche Belastbarkeit des jungen Hundes ist in den ersten Wochen noch nicht sehr hoch. Seinen Bewegungsdrang befriedigt er ohnehin zur Genüge. Mit einem Golden Retriever, der jünger als sechs Monate ist, können Sie noch keine ausgiebigen Wanderungen unternehmen, sondern eher Bindungsspaziergänge, wie wir sie nennen. Man schlendert ohne Ziel einfach gemeinsam durch Wald und Wiesen, beschaut sich gemeinsam alle spannenden Dinge, die die Natur zu bieten hat, klettert mal über einen kleinen Baumstamm oder schlendert durch einen kleinen Bach, macht zwischendurch eine kurze Rast, um auch die Geräusche der Natur zu belauschen. Ab einem Alter von sieben Monaten sollten ca. zwanzig Minuten pro Spaziergang ausreichen.

Alles zu seiner Zeit

Ausgedehnte Unternehmungen verschieben Sie auf später, wenn Ihr Hund ausgewachsen ist. Das ist gar nicht so unnatürlich: Ein junger Hund, der in freier Wildbahn lebt, bewegt sich in den ersten Lebensmonaten auch nicht sehr weit vom schützenden Bau weg. Das Rudel passt seine Lebensgewohnheiten der Belastbarkeit der Welpen an. Nur einige Mitglieder des Rudels gehen zur Jagd und bringen die Beute zum Bau, während die Mutter mit ihren Welpen in der Nähe des Baus bleibt.

Es hat also nichts mit der Degeneration von Rassehunden zu tun, dass man einen jungen Golden nicht ständig dazu animieren soll zu laufen. Auch wenn es sehr verlockend ist, nach einer ausgiebigen Wanderung einen müden kleinen Hund zu haben, der im Haus keinen Unsinn mehr anstellt – auf die Dauer gesehen macht man nur einen kleinen Bodybuilder aus ihm, der selbst nach einem zweistündigen Spaziergang noch fragt: „Und was machen wir jetzt?" Ein aktiver, gesunder Welpe verschafft sich genug Bewegung.

> **Tipp | Folgebereitschaft nutzen**
>
> Ein junger Hund wird von sich aus in der Nähe seines Menschen bleiben. Schließlich würde er sich in Gefahr bringen, wenn er sein Rudel verliert. Diese Zeit sollten Sie nutzen, um die Bindung des Hundes zu Ihnen zu festigen. Der kleine Kerl muss lernen, dass er auf seinen Menschen achten muss, sonst wird der Mensch für den Rest seines Lebens hinter ihm herlaufen.

Auch später ist ein Retriever zufriedener, wenn er während eines Spazierganges auch geistig und nicht nur körperlich gefordert wird. Als Apportierhund besteht seine Hauptaufgabe darin, eine Beute zu finden und sie seinem Halter zuzutragen. Damit kann man den Golden Retriever auf jedem Spaziergang sinnvoll beschäftigen.

Unsinnige Beschäftigung

Das Spiel mit Stöckchen sollte man unterlassen. Die Verletzungsgefahr für den Hund ist enorm groß. Es sind schon Hunde zu Tode gekommen, die einen Stock apportieren wollten, der senkrecht im Waldboden steckte. Wenn der Hund mit offenem Fang auf den Stock zurennt, kann es passieren, dass dieser sich durch den Rachen des Hundes hindurchbohrt.

Angeleint neben dem Rad zu laufen oder mit einem angeleinten Hund zu joggen, bringt dem Hund keinen Spaß. Er kann weder das Tempo noch seinen Bewegungsablauf frei wählen. Besonders erschreckend ist, wie viele Menschen bei sommerlichen Temperaturen ihren Hund am Rad laufen lassen, ohne darüber nachzudenken, was sie ihm damit zumuten. Der Mensch sitzt ja gemütlich auf dem Sattel und genießt den Fahrtwind. Einen Spaziergang nutzt der Hund viel lieber dazu, ausgiebig zu schnüffeln. Das kann er aber nur dann tun, wenn er selbst das Tempo bestimmen kann, wenn er Zeit hat, mal stehen zu bleiben und mal wie aufgezogen loszurennen. Auf die Frage hin, ob ein Retriever auch am Fahrrad laufen kann, antwortete mal ein Tierarzt: „Das kann er sicher, wenn er gesund ist, aber was hat er davon?"

> **Tipp** | **Beschäftigung für unterwegs**
>
> Gestalten Sie den Spaziergang abwechslungsreich, indem Sie Ihrem Golden kleine Aufgaben stellen. Verstecken Sie Dummys im Gebüsch oder lassen Sie sie auf dem Weg liegen. Schicken Sie Ihren Hund zurück oder ins Gebüsch, damit er die Dummys suchen, finden und wieder zurückbringen kann.

Die Bewegungsfreude des Golden Retrievers soll nicht nur durch ereignisarme Spaziergänge befriedigt werden. Zusätzlich benötigt er eine Beschäftigung seinen Anlagen entsprechend.

Nicht wenige Golden Retriever Besitzer haben über die Freude des Hundes am Apportieren ihre Leidenschaft für die Arbeit mit dem Hund entdeckt ...

Wasserratten

Golden Retriever sind im wahrsten Sinne des Wortes Wasserratten. Kein Tümpel, kein Bach, kein versteckter See bleibt ihnen verborgen. Die Nase in den Wind gestreckt und schon sind sie auf dem Weg zum nächsten Nass.

Nutzen Sie diese Vorliebe und gehen Sie viel mit Ihrem Golden schwimmen. Schwimmen ist eine gesunde und belastungsfreie Art der Bewegung. Es kräftigt die Muskeln, ohne den Gelenken zu schaden. Gerade in der warmen Jahreszeit, wenn der Weg über heiße staubige Felder zur Qual wird, ist ein Ausflug an einen See oder Fluss erfrischend für Mensch und Hund. Sie bekommen nämlich auch Ihre Abkühlung, wenn sich Ihr Golden neben Ihnen schüttelt. Sind Sie selbst etwas wasserscheu, können Sie ihm aber auch beibringen, sich etwas in Entfernung zu schütteln – falls er das dann auch macht.

Der Boden unter den Pfoten

Es gibt sehr unterschiedliche Charaktere unter den Golden. Der eine stürzt sofort hinter dem Ball oder Dummy ins Wasser, planscht etwas hilflos mit den Vorderbeinen, bevor er bemerkt, dass er schwimmen kann. Der andere steht eher zögerlich am Ufer, geht vielleicht bis zum Bauch ins Wasser, aber keinen Schritt weiter. Haben Sie Geduld mit ihm. Auf keinen Fall dürfen Sie Ihren Welpen zwingen oder gar ins tiefe Wasser hineinsetzen. Er soll selbst spüren, wie seine Pfoten den Boden verlieren, er aber nicht untergeht. Manchmal ist es hilfreich, ihn mit einem begehrten Spielzeug langsam ins Wasser zu locken. Hilft alles nichts, ist Ihr Einsatz gefragt. Ziehen Sie sich die Badehose an und gehen Sie mutig voran. Ihr kleiner Kerl wird große Augen machen, was Sie alles können. Hat er bereits großes Vertrauen zu Ihnen gefasst, wird er Ihnen sicher folgen. Warten Sie die Zeit ab, bis es soweit ist.

Dummyarbeit

Das Apportieren ist die Leidenschaft des Golden Retrievers. Bereits mit dem jungen Retriever können Sie gezielte Apportierspiele machen. Es ist dabei

> **Info | Kühlere Jahreszeit**
>
> In der kühleren Jahreszeit muss man darauf achten, dass der Hund in Bewegung bleibt, wenn er nass ist, damit er sich nicht erkältet. In der kalten Jahreszeit meiden viele Retriever die Gewässer, vor allem auch wenn sie älter werden. Vorsicht bei zugefrorenen Gewässern: Es hat schon einige Todesfälle beim Einbruch ins Eis gegeben.

wichtig, den Beute- und besonders den Bringtrieb zu fördern. Wann immer also der Retriever etwas bringt, müssen Sie ihn dafür loben. Auch wenn es etwas ist, das Sie selbst nicht so appetitlich finden. Freuen Sie sich so, als ob er einen 500-Euro-Schein gefunden hätte.

Auch wenn Sie zunächst nicht vorhaben, mit Ihrem Golden jagdlich zu arbeiten oder ihn anderweitig auszubilden, sollten Sie sich zumindest die Möglichkeit offenlassen. Es gab schon viele Retriever-Besitzer, die den Hund zunächst „nur" als Familienhund haben wollten und erst nach und nach feststellten, dass sie viel Spaß daran haben, mit ihrem Hund auch weitergehend zu arbeiten. Nicht zuletzt die Freude des Hundes an der Arbeit hat viele dazu gebracht, sich mit dem Thema Dummytraining zu beschäftigen oder sogar einen Jagdschein zu machen.

Der Retriever als Jagdhund
Seine ursprüngliche Verwendung findet der Golden Retriever in der Jagd. Er ist ein Spezialist für die Arbeit nach dem Schuss und damit für das Aufspüren und Bringen von geschossenem Wild.

Die jagdliche Ausbildung ist aber nur dann sinnvoll, wenn der Hund später auch jagdlich eingesetzt werden kann. Zumindest sollte er nach einer Ausbildung zum Jagdhund und nach der Teilnahme an einer Prüfung auch später hin und wieder die Möglichkeit haben, eine Schleppe oder eine freie Verlorensuche zu arbeiten.

Es versteht sich von selbst, dass man bei der Ausbildung seines Hundes nicht das frei lebende Wild in Wald und Flur stören darf. Man sollte also in jedem Fall den zuständigen Jagdpächter oder

… und nicht wenige Golden Retriever über diese Leidenschaft eine erfüllte Beziehung zu ihrem Besitzer aufgebaut.

Förster um Erlaubnis fragen, wenn man im Revier mit seinem Hund arbeiten will.

Jagdliche Kurse und die Vorbereitung auf jagdliche Prüfungen bieten ebenfalls die Retrieververeine an.

Mit dem Golden auf Reisen

Bei der Wahl des Urlaubsziels sollte man der Herkunft des Golden Retrievers Rechnung tragen: Reisen in südliche Länder sind für ihn kein Vergnügen. Die Hitze in diesen Breitengraden verträgt er nicht besonders gut. Aus diesem Grund sollte man einen Urlaub besser in nördlichere Regionen planen.

Flugreisen mit einem Hund sollte man am besten überhaupt nicht machen. Der Golden wird im Flugzeug in einer Box im Laderaum „verstaut". Diese Prozedur ist für ihn äußerst belastend. Eine Flugreise ist für den Hund also in keinem Fall ein Vergnügen.

Sprechen Sie auch den Züchter Ihres Hundes an. Vielleicht kann er den Hund aufnehmen, möglicherweise haben auch andere Teilnehmer einer Retriever-Gruppe Gelegenheit, während des Urlaubs Ihren Hund zu betreuen.

Apportieren

Die Leidenschaft der Retriever

Das Dummy, ein Leinensäckchen gefüllt mit Granulat, ist ein Apportiergegenstand, der im Training eingesetzt wird. Als Spielzeug sind Dummys tabu und werden außer Reichweite des Hundes aufbewahrt. Das Training muss gewissenhaft aufgebaut werden, damit Mensch und Hund Freude daran haben. Hier bekommen Sie nur einen kurzen Überblick, was Dummytraining beinhaltet. Es gibt ausgezeichnete Bücher (siehe S. 122), in denen die einzelnen Schritte ausführlich erklärt werden.

Markierung

Bei einer einfachen Markierung sitzt Ihr Golden neben Ihnen auf Ihrer linken Seite. Werfen Sie das Dummy ein Stück in eine Wiese. Ihr Hund kann die Flugbahn beobachten und wird sich die Fallstelle merken. Auf das Signal APPORT schicken Sie ihn zum Dummy. Er soll auf direktem Weg hinlaufen, es aufnehmen, zu Ihnen zurückbringen und es in Ihre Hand ausgeben.

Verlorensuche

Bei der Verlorensuchen setzen Sie Ihren Golden außer Sicht ab. Sie selbst oder ein Helfer gehen in das Suchengebiet hinein und legen mehrere Dummys für den Hund nicht sichtbar aus. Gehen Sie dann wieder zu Ihrem Hund zurück und schicken Sie ihn mit SUCH VERLOREN in das Gebiet. Er soll ein Dummy nach dem anderen suchen und es sofort zu Ihnen bringen. Dabei ist wichtig, dass er jedes aufgenommene Dummy sofort zurückbringt und nicht wieder fallen lässt. Es könnte ja auch eine angeschossene Ente sein, die sich dann auf und davon macht.

Voranschicken

Suchen Sie sich einen geraden Wald- oder Wiesenweg und setzen Sie Ihren Hund auf diesem ins SITZ. Gehen Sie dann ein kleines Stück voran und legen das Dummy auf den Weg. Dann stellen Sie sich wieder neben Ihren Hund und schicken ihn mit VORAN auf das Dummy. Er soll es ohne Umwege aufnehmen und zurückbringen. Die Strecke kann mit der Zeit immer weiter ausgedehnt werden, bis man seinen Retriever über viele hundert Meter geradeaus schicken kann.

Apportieren aus dem Wasser

Das Apportieren aus dem Wasser funktioniert eigentlich wie das Apportieren auf dem Land. Der schwierigste Teil hier ist das Ausgeben in die Hand, ohne dass sich der Hund vorher schüttelt. Beim Schütteln lässt er nämlich meist das Dummy fallen. Deshalb ist es wichtig, dass Sie sich beim Zurückkommen des Hundes von der Uferkante schnell wegbewegen und Ihren Golden animieren, Ihnen schnell zu folgen. Dies erfordert jedoch einiges an Übung.

Steadiness

Bei all diesen Übungen ist es wichtig, dass Ihr Golden unterordnungsbereit ist, ruhig warten kann (Steadiness), nicht heult oder winselt und erst auf Ihr Signal hin das Dummy apportiert. Es muss hier auch gesagt werden, dass ein Zuviel an Dummytraining oder ein zu schnelles Vorgehen und Überfordern zu der unerwünschten Unruhe führt.

Informieren Sie sich ausführlich über die spezielle Literatur und fragen Sie erfahrene Hundetrainer. Schließen Sie sich einer Dummygruppe an und lernen Sie gemeinsam mit anderen Mensch-Hund-Teams. Die Retrieververeine bieten hier spezielle Kurse an.

Service

Nützliche Adressen

Deutscher Retriever Club e. V. (DRC)
Geschäftsstelle
Margitta Becker-Tiggemann
Dörnhagener Straße 13
D – 34302 Guxhagen
Tel: 05665-2774
Office@drc.de
www.drc.de

Golden Retriever Club e. V. (GRC)
Geschäftsstelle Helga Rüter
Franz-Poppe-Str. 2
D – 26655 Westerstede
Tel.: 04488-983868
geschaeftsstelle@grc.de
www.grc.de

Labrador Retriever Club (LCD)
Geschäftsstelle
Markenweg 2
D – 48653 Loesfeld
Tel: 02541-9260974
lcd-geschaeftsstelle@labrador.de
www.labrador.de

Österreichischer Retriever Club (ÖRC)
Geschäftsstelle Ortrun König
Zeitlingerberg 11
A – 4320 Perg
Tel: ++43(0)699-14191 900
office@retrieverclub.at
www.retrieverclub.at

Retriever Club der Schweiz (RCS)
Mitgliederdienst Fredi Flügel
Höhenstr. 23
CH – 3652 Hilterfingen
Tel: ++41(0)33-243 2925
mitglieder@retriever.ch
www.retriever.ch

Verband für das Deutsche Hundewesen (VDH)
Westfalendamm 174
D – 44141 Dortmund
Tel.: 0231-56 50 00
Fax: 0231-59 24 40
info@vdh.de
www.vdh.de

Österreichischer Kynologenverband (ÖKV)
Siegfried-Marcus-Str. 7
A – 2362 Biedermannsdorf
Tel.: ++43 (0) 22 36 710 667
Fax: ++43 (0) 22 36 710 667 30
office@oekv.at
www.oekv.at

Schweizerische Kynologische Gesellschaft (SKG)
Länggassstr. 8
CH – 3012 Bern
Tel.: ++41(0)31 306 62 62
Fax: ++41(0)31 306 62 60
skg@hundeweb.org
www.hundeweb.org

Zum Weiterlesen
(Bücher aus dem Kosmos-Verlag)

Speziell für Retriever

Möller, Anja: **Kosmos Buch Labrador Retriever.**

Zvolsky, Norma: **Retrieverschule für Welpen.**

Zvolsky, Norma: **Die Kosmos-Retrieverschule.**

Zvolsky, Norma: **Trainingsbuch für Retriever.** Markieren, Einweisen, Verlorensuche.

Erziehung leicht gemacht

Fichtlmeier, Anton: **Der Hund an der Leine.**

Fichtlmeier, Anton: **Grunderziehung für Welpen.**

Führmann, Petra; Nicole Hoefs und Iris Franzke: **Das Kosmos-Erziehungsprogramm für Hunde.**

Führmann, Petra; Nicole Hoefs und Iris Franzke: **Die Kosmos-Welpenschule** (mit DVD).

Kitchenham, Kate: **Hundeglück.** Gut versorgt, gut erzogen, beste Freunde.

Lübbe-Scheuermann, Perdita und Frauke Loup: **Unser Welpe.** Auswahl & Eingewöhnung, Erziehung und Beschäftigung.

Toll, Claudia: **Kommt nicht gibt's nicht.** So klappt der Rückruf bei jedem Hund.

Hunde sinnvoll beschäftigen

Doepp, Simone und Gabriele Metz: **Trick Dogs** – der Spaß geht weiter.

Führmann, Petra; Nicole Hoefs und Iris Franzke: **Das große Kosmos Spielebuch für Hunde.**

Grunow, Alexandra und Rovena Langkau: **Mantrailing.** K9-Suchhundezentrum.

Heinrichsen, Melanie u.a.: **Longiersport für Hunde.**

Hunde verstehen

Bloch, Günther und Elli H. Radinger: **Wölfisch für Hundehalter.**

Bloch, Günther und Elli H. Radinger: **Affe trifft Wolf.** Dominieren statt Kooperieren? Die Mensch-Hund-Beziehung.

Feddersen-Petersen, Dorit: **Hundepsychologie** (mit DVD).

Gansloßer, Udo und Kate Kitchenham: **Forschung trifft Hund.**

Handelman, Barbara: **Hundeverhalten.**

Käufer, Mechthild: **Spielverhalten bei Hunden.**

Rauth-Widmann, Brigitte: **Die Sinne des Hundes.**

Schöning, Barbara und Kerstin Röhrs: **Hundesprache.**

Gesund durchs Hundeleben

Bucksch, Martin: **Kosmos Praxishandbuch Hundekrankheiten.**

Lausberg, Frank: **Erste Hilfe für den Hund.**

Nadig, Alexandra: **Heilpflanzen für Hunde.**

Rauth-Widmann, Brigitte: **1x1 der Rohfütterung.**

Tellington-Jones, Linda: **Tellington-Training für Hunde** (mit DVD).

Hunde erfolgreich züchten

Eichelberg, Helga (Hrsg.): **Hundezucht.**

Register

Ahnentafel 27
Alleinbleiben 97
APPORT 111
Apportieren 100, 116, 118
Arthrosen 82
Augenerkrankungen 86
Augenpflege 66
AUS 99, 111
Autofahren 38

Baden 61
Beschäftigung 55
Betteln 57
BLEIB 108, 111
Bürsten 63

Charaktereigenschaften 6

Dominanz 94
Dressurhilfsmittel 92
Dummyarbeit 116, 118
Durchfall 58

Ektoparasiten 75
Ellenbogendysplasie (ED) 84
Entwurmen 74

Erbrechen 58
Erkrankungen, rassespezifische 79
Ernährung 48
Erstausstattung 43
Erste Hilfe 87
Erziehung 88, 100

Familienhund 7
Fehler, zuchtausschließende 30
Fellpflege 61, 63
Fertigfutter 50
Fleisch 51
Flöhe 76
Formalitäten 37
Formwertnote 30
FUSS 111
Futterplan 49, 54

Gebisspflege 67
Geschirr 105
Gesundheit 71
Gesundheitszeugnis 31
Gewichtszunahme 50
gezielte Provokation 93
Grundausstattung 43
Gute Prägung 34

Haarlinge 78

Halsband 105
Hepatitis 72
Hereditärer Cataract (HC) 86
HIERHER 103, 111
Hochspringen 96
Homöopathie 58
Hüftgelenksdysplasie (HD) 79
Hundepfeife 100, 108
Hundesprache 93
Hygiene 14

Impfkalender 73
Impfungen 72

Jagdhund 7, 117

Kauartikel 55
Kaufentscheidung 15, 17
KOMM 102, 111
Konsequenz 89, 102
Krallenpflege 66
Krankheitssymptome 72

LAUF 103, 105, 111
Läufigkeit 68
Laute 92
Leckerbissen 55
Leinenführigkeit 104

Leptospirose 72
Lob 91

Markierung 118
Massage 63
Milben 78
Moxonleine 106

Natur 114

Ohrenpflege 66

Parasiten 75
Parvovirose 72
Pflege 60
Pflegekalender 68
PLATZ 107, 111
Prägung, gute 34
Progressive Retina Atrophie (PRA) 86
Proteine 49
Provokation, gezielte 93

Rangordnung 89, 94, 101
Rassenproblem 20
Rassespezifische Erkrankungen 79

Reisen 117
Retina Dysplasie (RD) 86

Scheinträchtigkeit 69
Sensibilität 10
Shampoo 61
Sicherheitsvorkehrungen 40
Signale 102, 107, 109, 111
SITZ 104, 107, 111
Sozialkontakte 44
Spaziergänge 114
Spielen 98
Staupe 72
Steadiness 119
STEH 109, 111
Steuern 45
Stubenreinheit 41

Tadel 91, 95
Tollwut 72
Transportbox 19
Trimmen 64

Über-den-Fang-Greifen 92
Übergewicht 57
Umwelterfahrungen 113

Ungehorsam 110

Verdauungsstörungen 58
Vereine 22
Verletzungen, kleinere 87
Verlorensuche 118
Versicherungen 45
Vertrauen 90
Vetbed 62
Voranschicken 119
Vorfahren 5

Wasserfreudigkeit 12, 116, 118
Welpen 46
Welpentreffen 44
Wesenstest 30
Würmer 74, 77

Zahnwechsel 56
Zecken 75
zuchtausschließende Fehler 30
Zuchtbestimmungen 27
Zuchtvereine 24
Zuchtvoraussetzungen 30
Züchter 20, 28
Zwingererstbesichtigung 31

Bildnachweis und Impressum

Bildnachweis
61 Farbfotos wurden von Sabine Stuewer/Kosmos für dieses Buch aufgenommen. Weitere Farbfotos von Sabine Stuewer (38: Klappe vorne außen, S. 16, 17, 18, 19, 20, 21, 24, 25, 26, 27, 36, 38, 39, 41, 44, 45, 46mi., 46re., 47mi., 50, 59, 60, 61, 63, 70, 71, 76, 81, 85, 111, 115, 122), Beate Schwarz (41: Klappe vorne außen, S. 1, 4, 5, 6, 7, 13, 14, 22, 23, 30mi., 30re., 32, 33u., 40, 42, 47li., 47re., 48, 49, 52, 53, 72, 74, 83, 94, 95, 97, 110, 120, 121, 124, 125, Klappe hinten innen), Margitta Becker-Tiggemann (22: S. 15, 28, 29, 30li., 31mi., 31re., 33o., 34, 35, 37o., 46li., 62, 69, 73, 75, 82, 86o., 89, 114), Mareike Rohlf/Kosmos (8: S. 92, 93, 116, 117), Marc Rühl/Kosmos (3: S. 87), Sylvia Sponholz/P. Tischner (2: S.128), Uwe Klatt (1; Klappe hinten außen re.) und Viviane Theby/Kosmos (1: S. 43o.).
Mit einer Illustration von Christiane Glanz (S. 77).

Impressum
Umschlaggestaltung von eStudio Calamar unter Verwendung von vier Farbfotos von Beate Schwarz (Vorderseite) und Sabine Stuewer (Rückseite).

Mit 180 Farbfotos und einer Farbzeichnung.

> Alle Angaben in diesem Buch erfolgen nach bestem Wissen und Gewissen. Sorgfalt bei der Umsetzung ist indes dennoch geboten. Autorinnen und Verlag übernehmen keinerlei Haftung für Personen-, Sach- und Vermögensschäden, die aus der Anwendung der vorgestellten Materialien und Methoden entstehen können.

Unser gesamtes lieferbares Programm und viele weitere Informationen zu unseren Büchern, Spielen, Experimentierkästen, DVDs, Autoren und Aktivitäten finden Sie unter **kosmos.de**

Gedruckt auf chlorfrei gebleichtem Papier

© 2008, Franckh-Kosmos Verlags-GmbH & Co. KG, Stuttgart
Alle Rechte vorbehalten
ISBN 978-3-440-11180-2
Redaktion: Hilke Heinemann
Gestaltungskonzept: eStudio Calamar
Gestaltung und Satz: Akusatz, Stuttgart
Produktion: Eva Schmidt
Printed in Germany / Imprimé en Allemagne

Der KOSMOS-Verlag ist Mitglied in der Gesellschaft zur Förderung Kynologischer Forschung e.V.
www.gkf-bonn.de

KOSMOS.
Das Beste für Ihren Hund.

Retriever haben eine große Leidenschaft: das Apportieren. Norma Zvolsky beginnt mit der Grundausbildung und beschreibt den Aufbau des Dummytrainings vom Welpen bis zum Profi. Geduld und das Einlassen auf die besonderen Charaktereigenschaften des eigenen Hundes stehen dabei im Vordergrund. Ein Ausbildungskonzept, das für alle Jagdhunderassen, die gern apportieren, geeignet ist.

Norma Zvolsky | **Die Kosmos Retrieverschule**
352 S., €/D 39,99

Norma Zvolsky begleitet Sie durch die Welpenzeit Ihres Retrievers. Die altersgerechte und retrieverspezifische Erziehung und Ausbildung stehen dabei immer im Vordergrund – die Trainingsschritte sind in Stufen aufgebaut und können so individuell an den Entwicklungsstand Ihres Welpen angepasst werden.

Norma Zvolsky | **Retrieverschule für Welpen**
176 S., €/D 22,90

Jetzt bestellen auf kosmos.de

Rassestandard Golden Retriever

FCI-Standard Nr. 111 / 29.01.1999 / D
Übersetzung: **Uwe H. Fischer**
Ursprung: **Großbritannien**
Verwendung: **Apportierhund für die Flintenjagd**
Klassifikation FCI:
Gruppe 8 Apportierhunde, Stöberhunde, Wasserhunde
Sektion 1: **Apportierhunde**